JN075712

慶應合格指南書

黒田善輝
伸芽会教育研究所
入試指導室室長

伸芽会

はじめに

「塾講師募集」

伸芽会との出会いは、雑誌に掲載されていた求人広告でした。

当時大学生で中学・高校の教員を目指していた私は、講師の経験は将来役立つに違いないと考え応募することにしました。

面接当日、教室を訪ねると入口に小さな靴がずらりと並んでいます。

「こんなに小さい子どもたちを相手にするのか！」と、愕然としました。

「場違いなところに来てしまった……」

面接でも正直に話し、あきらめムードで家に帰ると電話が鳴りました。

採用通知でした。

認識のずれがありながらオファーを受けることにしたのは、「教育は奉仕の精神が必要」という教室長の熱い思いに感銘を受けたのと、「おにいさん先生！」と、慕ってくれる子どもたちがかわいらしかったからです。子どもたちの無邪気さが、とまどいを払拭してくれたのです。

アシスタントをしながら先輩の授業を見ていると、一般的な感覚では答えを教えるような場面なのに教えていません。

「どうしてここで教えないいんだろう」

疑問が湧きました。

伸芽会は、1956年に教育研究者の大堀秀夫が創立しました。元々は「子どもはよく遊び、素直に伸びてほしい」と願って開いた私塾です。社名には、「子どもたちに夢を与え、個性を育み、可能性の小さな芽を大きく伸ばしていく」というモットーが込められています。

伸芽会では子どもたちに単純に答えを教えることはまずありません。体験を通して失敗させ、気づかせ、考えさせる「教えない教育」を実践しています。目標は小学校合格にとどまらない、総合的な人間力の育成です。

詰め込み型の教育ではなくても、名門小学校に続々と合格していく子どもたち。教えない教育の成果を目の当たりにし、「幼児教育は奥深い。人生のスタートともいえる時期の教育にかかわれる意義は大きい」と思うようになりました。

それから約40年。

現在私は伸芽会教育研究所の入試指導室室長として、複数の教室で慶應義塾幼稚舎と慶應義塾横浜初等部の受験を目指す「慶應クラス」などの指導にあたっています。伸芽会主催の慶應関係のガイダンスで講演させていただくこともあります。

入試がある小学校の中でも慶應の2校は超難関校として知られていますが、これまで指導してきた多くの子どもたちが合格を果たしています。そのためか、「慶應を受けるなら黒田のところへ」と、伸芽会のほかの教室や卒業したご家庭などから紹介されてくる生徒さんもいます。

この本には慶應クラスの様子を中心に、伸芽会の教育理念、小学校入試対策全般についての話、子育てのヒントなども盛り込みました。幼稚舎と横浜初等部の合格実例や合格したご家庭との座談会、入試分析などもあります。

小学校入試というと一部の限られた人向けと思われるかもしれませんが、普通の育児書としても読んでいただける内容です。

本書が、皆さんの小学校受験や子育ての一助となりますよう願っております。

本書の制作にあたっては、多くの伸芽会卒業生、保護者の方々にご協力いただきました。心より御礼申し上げます。

２０１８年１月

補訂版に寄せて

小学校の入試内容は、社会の変化や受験する子どもたちの傾向などを踏まえて変わることがあります。この補訂版では、第６章「幼稚舎／横浜初等部の入試を考える」のうち、入試内容に関するページを更新しました。

２０２０年10月

＊本書の内容は、伸芽会教育研究所の調査に基づくものです。

＊合格者への取材および座談会は、2016年9月から2017年3月にかけて行いました。掲載内容は当時のものです。最新の入試情報は、学校のホームページ、公式資料などでご確認ください。

慶應合格指南書 補訂版

目次

第1章 「教えない教育」のかたち

第2章 慶應クラスの冬〜春 自分の力で答えを出す

第3章 慶應クラスの直前期 「振り幅」の広い子を育てる

第4章 合格実例集 入試の様子と合格のポイント

第6章

幼稚舎／横浜初等部の入試を考える

第1章

GUIDEBOOK FOR PASSING KEIO

「教えない教育」のかたち

慶應クラス新年度スタート

新年度スタート

幼児教室の新年度は11月に始まります。

今日は新年長の慶應クラス１回目です。新年長とは、翌年の春に年長クラスに進級する子たちのこと。幼稚園や保育園では年中クラスに在籍しています。

教室に入ると、子どもたちの視線が私に注がれました。

右端に座っている子は不安そうな表情です。その後ろの子はほっぺに涙の跡をつけています。そういえば、さっきまでお母さんと離れるのをいやがって泣いていました。３列目の子は緊張して硬くなっているようです。最前列には昨年から基本コースに通ってきている子が目を輝かせて座っています。

私は一人ひとりの顔を見渡して前に立つと、「皆さん、こんにちは！」と言うなり、体を反りかえらせました。

「！」

子どもたちは一瞬ぽかんとして、次の瞬間笑いだしました。

不安そうだった子も、泣いていた子も、硬くなっていた子もみんな笑っています。

「元気な笑顔が一番です。その笑顔に出合った人はみんな幸せな気持ちになります から。誰の笑顔がいいかなあ……。みんないいね。宝物だね」

こうして、1回目の授業が始まりました。

学校でも塾でも、先生はみんな教室に入るとまず生徒たちの顔を見ますよね。

私は沈んでいる子や暗い顔をしている子がいると、よく「トトトトッ！」と変わった動物のような動きで近づき、じっと顔をのぞき込みます。のぞき込まれた子は「何だろう?」と、ちょっと驚きますが、周りの子たちは「先生が変なことをしてる！」と面白がって笑いだします。そうすると沈んでいた子も笑いだします。

どのようなことをするかは、そのときどきの子どもたちの様子によります。緊張している子や早生まれの子が多そうなときは、冗談を交えてあいさつしています。手品をすることもあります。よく披露するのがひもを使った手品です。1本のひもを切り、それをつなげてみせるだけですが、子どもたちは「魔法使いみたいだ！」と喜びます。

そのようなことをしていると、私が教室に入っていくだけで、子どもたちは私を目で追いながら笑顔になります。

教室はお勉強の場なのだから笑いは必要ないでしょう、と思われるかもしれませんが、子どもたちは楽しくなければ通いたいと思いません。つまらない教師だと思ったら、何を話しても何を見せても吸収しません。楽しいからよく聞いたり見たりして頑張ろうと思うのです。

それに教室で授業を楽しめれば、実際の入試も楽しめるようになります。いつも厳しくしかられている子は、入試で会う先生も「いつもの先生みたいに怖いのではないか」、と思って警戒し構えてしまいます。

試験のとき笑顔でいられれば、第一印象が全然違ってきます。試験官の先生も笑顔の子はかわいいな、面白そうだなと思って声をかけたくなるでしょう。

伸芽会で育った子どもたちは、初めての場所でもどんな先生に会っても、ニコニコしていられる子にしたいものです。

慶應クラスで行うこと

私が受け持つ慶應クラスが高い実績を出せているのは、1年間じっくり時間をかけて段階を踏んで準備をしているからだと思います。

慶應には幼稚舎と横浜初等部という2つの小学校があります。幼稚舎の入試は、集団テストと運動テストが行われます。横浜初等部では一次試験としてペーパーテストがあります。その合格者が二次試験に進み、集団テストと運動テストが実施されます（2018年度）。

集団テストは絵画・制作、行動観察（集団ゲームなど）の課題が中心です。こうした課題には定まった答えはありません。どういう作品を作り、ゲームでどう動けば合格できるのか、正解はないのです。

私たちは、学校がなぜそのような課題を出すのか、それで何を見ているのか、出題の意図やねらいを分析し、子どもの発達段階に沿って準備を進めていきます。

入試の課題から浮かび上がるのは、常に自分で考え表現する力です。

だから、子どもたちにはまず、自分の考えや思いを持つ習慣をつけさせる必要があります。

教室でも定まった答えがない課題を与えていきながら、「自分だったらどう思う？」「どうしたい？」と問いかけをくり返し、考える習慣を定着させていきます。

自分の考えや答えを持つことに慣れてきたら、次は伝える手段です。

話して伝える。

描いて伝える。

作って伝える。

体を動かして伝える。

これらを何度も何度も行います。

新年度が始まったばかりの11月はクラスに統一感がなく、子どもたちの力にも差があります。この時期ほとんどの子は、自分の考えを整理して的確な手段で表現することなどできません。

一番考えを伝えやすいのは話すことですが、何を言えばいいかわからない子がたくさんいます。

そのようなときは会話をします。単語を一言でも発してくれれば何を言いたいのか推測できるので、会話を通して考えやイメージを探っていきます。

先生にだったら話せるけれど、たくさんのお友達の前では話せないという子は、最初は少人数の前で、次からは人数を増やして、というように徐々に慣れさせていきます。

制作も同様です。

絵や作品も最初から満足なものは作れません。

たとえば本人はネコのつもりで描いたり作ったりしていても、ほかの人にはそれが何なのかわからないことがよくあります。そのようなときも「それはこういうこと?」などとやりとりをしながら、絵や作品のお手本を示します。

すると子どもも「そうそう!」と、取り組み始めます。

とりあえず模倣に近い形ですが、幼児にとってはそれも一つの学びの方法です。

模倣でも「描けた」「作れた」という達成感を得られます。

この過程をくり返すうちに考えを言葉で表現できるようになり、お手本がなくても作品を作れるようになります。

もちろんお手本はできるだけ大雑把に。細かいところまで作ってしまったら本人の作品ではなくなりますから。

話すことは好きだけれど絵は苦手、制作は好きだけれど話すのは好きじゃないなど、好みや得手不得手もありますが、試験ではさまざまな方法で自分を表現することが求められます。

最初は1つの方法でしか表現できなくても、ほかの表現方法の楽しさ、できるかもしれないという可能性などを伝えていくと、苦手なことでもだんだん意欲の芽が出てきます。

慶應クラスでは1年かけてその芽を1つずつ見つけ、伸ばしていきます。

伸芽会はこうして始まった

伸芽会は、1956年に教育研究者の大堀秀夫が開いた小さな幼児教室から始まりました。

大学で心理学を修めた大堀は、大学附属の心理教育相談所で教育診断にあたるうちに、通ってくる子どもたちは協調性や社会性が乏しく、子ども特有のたくましさも見られないことに気づきました。

原因は親が過保護になり、子どもたちが思い切り遊べていないからではないか。そう感じた大堀は、遊びに対する親の無理解をなくし、教育心理学に基づいた幼児教育を実践すべく「伸芽会教育研究所」を発足させました。

そこに込められたのは、子どもたちに「よく遊び、素直に伸びてほしい」という思いと、「子どもたち一人ひとりの資質を見つけ、個性を引き出して育てる」という教育理念です。

当時は幼児教室が少なかったためか、あまり宣伝をしなくても多くの子どもたちが集まり、年々名門小学校への合格者が増えていきました。


ここで皆さんに質問です。

小学校受験と聞いて、どのようなことを想像しますか。

中学、高校、大学などの受験勉強のイメージから、幼児教室ではスパルタ式にひたすら知識を詰め込んでいると思われるのではないでしょうか。

伸芽会の教育は、詰め込み型でも知育偏重でもありません。

いわば「教えない教育」です。

それでも多くの子どもたちが名門小学校に合格できるのは、伸芽会の目指す子ども像が、学校が望む子どもの資質と一致しているからだといえます。

名門小学校が望むのは、知能が高く、知識が豊富で、お行儀がいい子どもではありません。ではどんな子どもがいいのか、ここ数年の学校説明会でのお話からいくつかの小学校が求める子ども像を見てみましょう。

【学習院初等科】
基本的な生活習慣や年齢相応の社会性、物を大切にする心、他人への思いやりの気持ちが身についている子。

【慶應義塾幼稚舎】
課題ができるかどうかではなく、子どもの本質を見て判断。親は試験のために5～6歳児の発達に不自然な生活や準備をさせないこと。

【早稲田大学系属　早稲田実業学校初等部】
早実が大好きで、将来早稲田大学で学びたいと思う子。基本的な生活習慣が身についていること、お話を最後までしっかり聞けることも重視。

【東洋英和女学院小学部】
お話を注意深く聞き取り、問題に取り組み、行動できる子。

【慶應義塾横浜初等部】

子どもらしい伸びやかさと力強さがあること。心身、知能が年齢相応の水準で、日常生活の中で必要な態度や習慣が身についていること。

これらの話や入試内容から、どの学校も求めているのは、年齢にふさわしい基本的な生活習慣や社会性を身につけ、知育・体育・徳育のバランスがとれた子どもであることがうかがえます。

つまりどんなに豊富な知識があったとしても、あいさつや衣服の着脱などがおろそかでは、合格は難しいということです。

また多くの学校が教育目標として、豊かな人間性や人格形成、次世代のリーダーの育成などを掲げています。

伸芽会が目指しているのも「心を育てる教育」であり、「これからの世界を生き抜く力」の養成です。

変化の激しい現代社会では、凝り固まった考えや知識だけでは生き抜いていけません。新しいアイデアを生み出す発想力、物事をさまざまな角度から考えられる思考力、与えられた情報をただ受け入れるのではなく発展させられる応用力、いわゆる創造力が必要です。

伸芽会では教え込むのではなく、子どもたちの力を引き出し創造性の芽を伸ばす教育を実践しています。

志望校の入試の過去問を分析して、知識やテクニックを機械的に覚えるだけでも合格はできるかもしれません。しかし、果たしてそれで、将来にも役立つような創造力は育つのでしょうか。

その力は、一過性のもので終わってしまうのではないでしょうか。

伸芽会の教育は単純に受験指導とだけとらえると、保護者としては歯がゆいかもしれませんが、子どもたちの将来の財産となるような教育を続けることが私たちの使命だと思っています。

小学校入試は遊びが大事

小学校入試は水ものです。

初めての場所、初対面の先生やお友達、緊張している両親、試験会場の独特の雰囲気……。幼児にとってはストレスフルな環境です。

普段は優秀な子でも、本番では先生のお話を聞き間違えたり、お友達とうまく遊べなかったりします。

当日は何が起こるかわかりません。しかし、起こりうることをすべて想定して、あらゆる対処法をあらかじめ教えておくのは不可能です。

入試で実力を発揮するには、ハプニングがあったとしても、子ども自身が考えて最良の方策をとれるようになることが大切です。そのベースになるものは、人に対する優しさや先の展開を読む力だと思います。

人に対する優しさとは、広い視野を持って周りをよく見て、ほかの子が言いたいことややりたいことも、受け入れられるような度量を持つことです。


ベースになる力をつけるために必要なこと。

それは遊びです。

慶應クラスでは、ゲーム形式の遊びをたくさん行います。

たとえば、数人ずつグループになりチーム対抗でゲームをします。

まずはみんなで相談して、グループ名を決めます。自分たちが勝つためにはどうしたらいいか、作戦も練らなければなりません。

「さあ皆さん、6~7人ずつ集まってグループ名を決めましょう」

いくつかのグループができました。でもなかなか名称が決まりません。

リーダーが「どんな名前にする？」とみんなに問いかけ、ほかの子たちが「カブトムシ！」「コアラがいいな」などと提案。「わたしはウサギがいいけどコアラもいいね」と譲歩する子、発言していない子に「○○君はどう思う」と聞く子もいる。

リーダーが意見を整理し、みんなが納得のいく形でまとめる。これが目指す姿です。

自発性、リーダーシップ、表現力、協調性、思いやりなどが求められる場面です。
幼児は自分のことしか考えられないことが多く、「僕が、僕が」「わたしが、わたしが」となりがちです。

特に積極的な子は提案ができても、違う意見が出てきたときに何としても自分の考えを通そうとします。どちらの方法がいい結果になるか考えずに「僕の方が先に言ったんだから」などと主張します。

このとき相手の子が「じゃあ○○君の言う通りにしようか」と譲ったり、ほかの子が「△△さんはどう思う？」など、発言をしていない子の意見を聞いたりすると、私たちはそれはすごく大切なことだと認めてほめます。

するとクラス中にお友達の考えを受け入れる意識や、気遣うという観点が浸透していきます。

お友達と遊ぶときは何が大事か。

ポイントに気づき、それを自分の物差しとして持っていれば、初めての場で初対面の人たちと試験に臨んでも、その場にふさわしい言動ができるようになるのです。

試行錯誤ができることも遊びのいい点です。

物事には原因と結果があります。ゲームで負けたらその結果を踏まえて次に生かせます。

授業では必ず勝ったチームには勝因を、負けたチームには敗因を考えさせます。

「君たちは勝ったけれど、どうして勝てたんだと思う?」

負けたチームに尋ねます。

「君たちはそれ（勝ったチームの勝因）について相談したかな?」

一回ごとに「遊びだけれど、負けたのは原因があるし、勝ったのもいいところがあったからだ」と気づかせていくと、原因と結果を考える習慣が身につきます。ゲームの作戦を練るときも「こうするとこうなるから、こうする」と結果を見越してよりよい方法を選べるようになります。

ただ、どんなにいい方法を考えても、同じチームのお友達に伝えて納得してもらえなければ勝てません。そのためには、論理的に説明するという次のハードルが待っています。

論理的に話すには

前の項目で、小学校受験では論理的に話す力も必要であることをお話ししました。論理的に話せるようにするには、論理的思考力を身につけなければなりません。そのために子どもが一番取り組みやすいのは話すこと。

まずは会話の習慣をつけることが大事です。

私は教室で子どもたちと会話をするときは、論理的思考を促すような問いかけを心掛けています。

子どもが考えていて言葉がなかなか出てこないときは、考えがまとまるまで待ちます。

また、一言答えただけで終わりにすることはありません。

「……ということは?」

「それで？」

「それのどういうところが面白いの？」

「どんなふうにおいしいの？」

常に掘り下げて聞いていきます。そして自分の言葉で説明できたら、「そんなふうに話してくれると、すごくわかりやすいね」などと私の思いを伝えます。


普段の指導の中でも論理的に話すこと、わかりやすく話すことの重要性を話しています。


たとえば、子どもたち数人が積み木で遊んでいます。

ある子が、お友達が作ったものが自分が思ったものと違っていたため「それは違う」と言って直します。相手の子はつまらなくなって、積み木遊びをやめてしまいました。

「作っているものを勝手に直されたら、どんな気持ちがするかな。どうして直したいのかわかるように言ってあげて、自分でやってもらう方がいいんじゃないかな」

そう話すと、次からは直したい理由を言うようになります。

また、グループに分かれて紙コップを積み上げる競争をするといった課題では、時間があまりない中で仲間がわかるように話さなければなりません。

「急ぐときでも単語一言だけではわかってもらえないよ。少し言葉を足すだけでもいいから、みんなに伝わるように話そう」

課題のたびに言い続けます。

この体験をくり返していくと、教室で言われたときだけではなく、日常会話でも言いたいことを整理して論理的に話す習慣がつきます。

論理的に話せるということは、物事のつながりをきちんと把握し、やるべきことを判断できているということです。

伸芽会の教育理念

伸芽会では「創造力教育」「体験力教育」「自助力教育」という教育理念を掲げています。これらは互いにかかわり合っています。

「創造力教育」は、結果より過程を大切にします。たとえば子どもたちに質問を投げかけ、ヒントを与えます。そして考えさせて失敗もさせ、学ばせます。

「これじゃだめだ、こうすればいいんだ」などと試行錯誤しながら成功に至るという流れは、一番重要な学習法です。

「体験力教育」は文字通り、体験を通して子どもの五感を刺激し、好奇心や探求心を育てます。教室は限られた環境ですが、子どもたちにはできるだけ多くのことを体験させたいと考えています。

そのため教室には積み木や粘土はもちろん、碁石、砂、さまざまな大きさの砂利まで教材として用意しています。

創造力教育で試行錯誤するためにも、具体物を使った遊びは大切です。

入試のペーパーテスト対策でも具体物を多用します。

ペーパーテストでパズルの問題が出たとします。「パズルでお手本の形を作るとしたら、いらないパーツはどれか」というとき、絵のパズルは触れられないし動かせません。

どのパーツを組み合わせればいいかという感覚は、実際にパズルでたくさん遊んだ体験がないと考えにくいと思います。

「自助力教育」は、自立心を養います。

ただ自分で自分のことができるようになればいいというわけではありません。自立は自信とセットです。

創造的な体験をたくさんして、自分で考えて工夫して成功できた経験の積み重ねが「一人でもできる」という自信を生み、自立心につながります。

ここで1つ例をお話ししましょう。

ある日、授業で積み木を積むリレーを行いました。

クラスを3グループに分け、それぞれ1列に並んでもらいます。そして各グループに立方体の積み木を赤6個、緑と黄色各3個、全部で12個ずつ配りました。

「先頭の人から積み木を1個持って走り、反対側の机の上に置いて戻って次の人にタッチ。次の人も1個持って走り、順番に積んでいきます。途中で倒したり、同じ色を続けて積んだりしたら失格。残さず全部積めたグループが勝ちです」

1回目はどのグループも赤い積み木が残りました。

「赤がいっぱいあるから余っちゃうんだよ」とブツブツ言っている子がいます。

2回目、やはりどのグループも赤い積み木が残りました。

このころになると、原因に気づく子が増えてきます。そして同じグループの子たちにわかりやすく説明する子が出てきます。

「赤をたくさん使わなきゃ。だから黄色の次は赤、緑の次は赤、何かを置いたら次に絶対赤を積まなければいけないんだ」

「いいことを言っている子がいっぱいいるね。みんなでやるときには、自分のグループの人にちゃんと教えてあげないとうまくいかないいんだよね」

そして迎えた3回目は、３グループとも成功しました。

1回目に気づいた子たちはただ自分で言っているだけだったので、周りに伝わらずうまくいきませんでした。２回目は誰にどう話さなければいけないか状況判断ができるようになり、成功したわけです。

失敗をあえてさせて気づきを促し、成功に導く。

まさに伸芽会の３つの教育理念を含んだ活動です。

幼児期に育みたい「5つの力」①——見る力

小学校就学前に身につけるべき力として伸芽会が大切にしているのが、「見る力」「聞く力」「話す力」「考える力」「行う力」の「5つの力」です。これらは社会性や人間力の基礎にもなります。

子どもたちに最初に身につけてほしいのは、「見る力」と「聞く力」です。子どもが最初に獲得する学習能力は、一番身近な親の言動を見聞きして覚えることだからです。

伸芽会では、ただ単に「見る」「聞く」のではなく、物事の本質をとらえられるようにするのが目標です。

物事の本質をとらえる力の基本は感性だと思います。

感性を身につけるには、まずは親が見て感じたことを、言葉にして子どもに伝えていくことが大切です。

感性が育つかどうかは、子どもが小さいころから親がどれだけ一緒に過ごし言葉をかけてきたか、その蓄積に左右されると思います。

子どもに花を見せるなら、花の名前とともに「きれい」「かわいい」などと感じたことも話すようにします。雲を見たときは、「あ、雲だ」だけでなく、「お魚みたいに見えるね」「雪ダルマみたいだね」などと話しかけると、子どもの見方、考え方が広がります。

教えなければという義務感で話しかけるより、親が興味を持って子どもと一緒に楽しむという感覚で接した方がより伝わります。

私自身は息子がよちよち歩きのころ、「うわあ、面白い！」などと言いながら自分から先にその近くに行き、しゃがむようなことを結構していました。そうすると子どもも近寄ってきて興味深く眺めます。そのとき、自分が感じたことを話すとともに、子どもが考えていることを想像して言葉にしていました。

子どもが何かを見て意味をなさないことを言っているときも、伝えたいことがあるのだなと思い、「ああ、そうだね」などと会話を試みていました。その積み重ねのおかげか、息子は見る力がつき感性豊かな子に育ちました。

親を「見る」ことから始まる見る力は、成長や体験によって高まっていきます。年少児くらいの時期は、電車とバスなどを比較させても、電車には赤い線、バスには青い線が入っているなど、見たままのことしか答えられませんが、年長児になると、実際の電車やバスを見た体験や乗った体験も踏まえて、自由に考えられるようになります。

本当の意味で見る力を育てるには、体験がとても大切だということがわかります。たとえば、マス目に折り紙が何カ所か貼ってあるものを見せ、隠してから折り紙を持ってきて、マス目の同じところに置く課題があります。

マス目の折り紙を見たとき、「信号機と同じ色だ」「オリンピックの表彰台みたいな形だ」などとすぐイメージできる子は、見る力が身についていると思います。

5つの力②——聞く力

聞く力とは、親や先生の話を理解して内容を的確に把握する力や、お友達の話に耳を傾ける力です。

小学校入試では、聞く力がすべての課題の基本となります。

ペーパーテストがある学校もありますが、受験をする幼児は文字が読めないことが前提なので、出題はCDや口頭など音声で行われます。子どもたちはそれを聞き、解答用紙に○をつけるなどして答えます。話を聞きそびれたり、聞き間違えたりすると正しく答えられません。

実際の音を聞いて、何の音か答える課題が出されることもあります。

2016年度の横浜初等部のペーパーテストでは、雷や風鈴の音、ニワトリやヒツジの鳴き声などが出題されました。

個別テストや集団テスト、運動テストも先生の話をよく聞き、指示に沿って行動しなければなりません。お友達と遊ぶ、集団ゲームをするなどの課題では、お友達の意見を聞く力も試されます。

2017年度の幼稚舎の集団テスト（行動観察）では、グループでお城作り競争をする課題が出されました。

「お城はお手本と同じように箱を使って作る。材料の箱はビニールプールの中にあるが、箱を取るときプールの中に入ってはいけない、箱は一度に2個までしか運べない」などのお約束があります。

この課題では、先生の話を正確に聞き取りお約束を守って行動できるか、グループのお友達と協力し合って活動できるか、などがポイントになります。

では、聞く力はどうすれば育つのでしょうか。

子どもが教師の話を聞くのは当たり前だと思われるかもしれませんが、私は「ちゃんと聞きなさい」と言い聞かせたり、しかったりするだけでは本当の意味での聞く力は育ちにくいと考えています。

子どもとの信頼関係を築き、子どもが自らその人の話を聞きたいと思えるようにすることが、聞く力を育てる第一歩です。

まずは子どもの興味に合う話を、わかりやすい言葉でゆっくり話す。

そして、話して聞かせたことについて子どもが何か話したがっていれば、丁寧に聞くことが大切です。

子どもは自分のことを受け止めてくれるとわかれば、心を開いて相手の話も一生懸命聞くようになります。

私は授業に入る前、「今日、外はどうだった?」などと尋ね、子どもたちが話したいことを拾い上げて会話を広げたり深めたりしています。そうしているうちに徐々に子どもたちの聞く態勢が整っていきます。

授業ではお友達と相談し、一緒に力を合わせて取り組む課題があります。

お友達の話は拙く、説明も一言、二言くらいのことが多くて伝わりにくいと思いますが、それを一生懸命聞いてあげて、「それはこういうこと?」などと理解しようとするところまでいけば、聞く力がついてきたといえます。

5つの力③——話す力

「ママ、あのね……」

「なに？　ジュースが飲みたいの？　オレンジジュースがいい？」

「うん」

皆さんはお子さんとこんな会話をしていませんか。

親なら大抵は子どもの表情や何気なく発したほんの一言で、言いたいことややりたいことがわかりますよね。子どもの願いをかなえてあげたいという思いや、忙しいから早く用件を済ませてしまいたい、という気持ちもあるでしょう。

そのため、子どもが何か話そうとすると「それはこういうことでしょう？」「○○がしたいんだよね」などと、話を先取りしてしまうことがたびたびあります。

子どものためを思ってしているのかもしれませんが、これでは逆に成長を妨げてしまいます。

子どもが話したいことを先取りしてしまうと、話す力が育ちません。

また、先取りは相手の話をさえぎる行為です。

子どもは「ママはいつも話を聞いてくれない」と思うようになり、思考をさえぎられるので考える努力もしなくなります。

先取りしないということは、つまり親が聞く姿勢を持つということです。

伸芽会の教師たちは、子どもたちの表現力が豊かになるように働きかけています。

授業で質問すると、なかなか答えられない子がいます。

「今日は、自分が一番好きな動物を作りましょう。○○さんはどんな動物が好きですか」

「イヌです」

「どうして好きなのかな?」

「……」

ここで「お家で飼っていて、いつも一緒に遊んでいるからかな?」などと推測して言ってしまう方が簡単ですが、私たちは「先生もイヌが大好きだよ」と声をかけて安心させたり、「かわいいと思う?」など質問の仕方を変えたりして、子どもの答えを引き出すようにします。

保護者の方にも授業参観で教師と子どもたちとのやりとりを見ていただき、声掛けの参考にしていただいています。

また、話し方はゆっくりが基本です。大人、特にお母さんは早口の人が多いようなので、ゆっくり、はっきり話すよう意識していただきたいです。

お子さんが楽しそうな様子で何かを話したがっているとします。

顔を見れば楽しかったというのはわかりますが、先取りするのは我慢して、それを言葉で人に伝えられるようになったらいいな、と思い描きながら会話してみるといいと思います。

笑顔で「うんうん、いいね、それは面白そうじゃない」などと答えてあげると、子どもは聞いてもらえるのがうれしくて、もっと話したいと思います。話したいことをもう一度頭の中で巡らせて、具体的な言葉や適切な言葉を見つけられるようになり、話す力が育ちます。

5つの力④——考える力

「なんで空は青いの？」

「どうしておなかがすくの？」

2〜6歳ごろは、親が答えに窮する質問を次々と繰り出す「なぜなぜ期」。お子さんから質問攻めにあって、対応に苦労した方も多いのではないでしょうか。

この「なぜ？　どうして？」は考える力の芽が育ち始めた証拠です。

「そんなことまだ知らなくていいの」などと適当にあしらってしまうと、せっかくの芽がしぼんでしまいます。だからといってこと細かに教えてしまうと、考える習慣がつきにくくなります。

伸芽会の教室では、教師の方から答えを教えることはほとんどありません。なるべく子どもに考えさせます。そしてどのような答えでも受け入れます。

「いいこと言うね」

「すごいね君は。そんなことに気がつくんだ」

間違っていても否定しません。

「いいこと言ってるけど、ちょっと惜しいな。君はどう思う？」

ほかの子どもたちも巻き込んで、一緒に考えさせます。

幼児なりに筋道を立てて考え、論理的思考ができるようになることが目標です。


教室で行う遊びの中にも、考える仕掛けをしています。

筒の中に入っている積み木を、手を使わずに取り出す遊びがあります。

積み木には針金の輪がついています。

子どもたちはまず割りばしで引っかけて取ろうとしますが、筒の大きさの関係でなかなか引き上げられません。

「じゃあここにフックをつけなきゃ」

「フックをつけたら積み木を引っかけられたけど、指が筒の中に入るからルール違反だよ」

「じゃあこれを割ってつなげばいいや」

今度は割りばしを割ってセロハンテープでつなぎ、積み木を引き上げようとしますが、つないだ部分が抜け落ちます。もっと丈夫にするにはどうすればいいか。子どもたちはあれこれ考えを巡らせます。


粘土遊びをする日もあります。

まず粘土の塊を半分にし、正しく半分にできたかどうか確かめるために、天秤ばかりに載せてみると差がありました。

「じゃあどうすればいい？」と聞くと、子どもたちははかりが下がっている方の粘土をちぎってもう一方にくっつけます。

2つが同じ重さになったところで、1つは丸めて玉に、1つはのばしてひも状にしました。

「どちらが重いと思う？」

すると丸い方との返事です。

「細長くした方はこうやって丸く（ドーナツ状）はできるけれど、中は穴が開いているから、丸めた方が重たいと思う」

本人としては論理を展開しているつもりでも、形を変えても重さは変わらないというところまでは考えがおよばないのです。新しいクラスが始まって間もないころはこんな様子です。

積み木の授業では、「今日使う積み木はこれです」と言いながら並べて見せた後に隠して、各自使う積み木を取りに行ってもらいます。

並べる順番には、色や形、大きさなどの規則性はありません。ぼんやり見ていたら、どの積み木を持ってくればいいかわかりません。おのずと積み木の形、色、数などを整理しながら見るようになります。

教室ではこうした遊びをたくさんすることによって、考える力をつけていきます。

5つの力⑤——行う力

行う力とは、すべきことややらなければいけないことを自分で考え、判断して実行する力です。いわば「見る力」「聞く力」「話す力」「考える力」の総合力です。ちょっと難しく聞こえるかもしれませんが、日々のあいさつや返事も行う力に含まれます。幼児でも、幼稚園や保育園で自然に身についていると思います。

ここでは、行う力の中でも小学校受験で求められる力についてお話ししましょう。

多くの私立・国立小学校の入試では集団テストが行われます。

何人かのグループに分かれて課題やゲームをしたり、用意されているおもちゃで自由に遊んだりするテストです。

「ただ遊んでいるだけじゃない。それで何がわかるの?」

保護者の方たちからよく質問されます。

このテストで見られているのは、「物事のつながりが見えていて、その場にふさわしい行動ができるかどうか」です。


伸芽会では、遊びを通して「行う力」を培っていきます。

先日、慶應クラスで紙の筒を使ってボウリング遊びをしました。

まずはボウリングのピン作りです。

「みんなは、どんなピンが立っていたら楽しいと思いますか」

「かわいいお姫様！」

「ロケット！」

「ライオン！」

色とりどりの楽しいピンができあがりました。

並べてボウリングゲームの始まりです。

一人ずつボールを転がします。

当たってピンが倒れました。

ボールを転がした子が倒れたピンを起こしにいきますが、ほかの立っているピンに触って倒してしまうなどして、なかなかうまく並べられません。待っている子たちは「まだー?」などと言っています。

「早く遊びたいよね。だったら、どうすればいいのかな」

「あっ!」

ある子が気づいてピンを並べている子を手伝い始めました。それを見てほかの子も気づいたようです。


みんなで何回も楽しく遊ぶためにはどうすればいいか。

物事のつながりが見えていて、どうすれば状況がよりよくなるかを感じられる心を持ち、即座に動けることが必要です。

そうなるためには、見たり聞いたりしてインプットしたことを、的確にアウトプットするための回路を作らなければなりません。

「見る力」「聞く力」「話す力」「考える力」は別個に育成するのではなく、どれもバランスよく育ち、連動しているのが理想です。

やるべきことがわからない、わかっていても思っているだけで口にしない、あるいは行動できないというときは、４つの力のどれかにゆがみが生じています。ゆがみを修正すれば、スムーズにできるようになるはずです。

私たちは具体的にこうしてほしいとは言いません。どのような言葉をかけたら子どもたちの回路がつながるかを常に考えています。

たとえば物をじっくり見ることができるのに、考えすぎてしまってすぐ行動に移せない子には、ボウリングの例のように「どうすればいいのかな」などと道筋を示します。

教材が散らかっているときは「悲しいなあ」と一言。

すると、察しのいい子がすっと出てきて片づけ始めます。

「○○君みたいな子がいると助かるね。でも、１人しかいないのはさびしいね」

それを聞くと、ほかの子たちも出てきて片づけようとします。

授業のたびにこのような言葉掛けを続けていくと、言われなくても自分で考えて行動できる子が増えていきます。

慶應クラスの5つの力

慶應クラスでは「5つの力」を総合的に培っていきます。

制作では紙皿、紙コップ、筒、箱などいろいろなものを使いますが、それが単に皿や箱にしか見えないのでは発想が広がりません。制作遊びを通して、物の見方を見つけてもらうという面があります。

聞く力でいえば、たくさんの絵本を読み聞かせします。誰でも知っているものでは新鮮味がないので、書評を読んだり書店を回って探したりして、有名ではなくても、子どもたちにとっていい刺激になりそうなものを選んでいます。

読み聞かせをすると子どもたちの語彙が増え、登場人物や動物の心情になって物事を考えるので、心が豊かになります。

ご家庭での読み聞かせもおすすめしています。ただ、登場人物になり切って気持ちを込めて読む人がいますが、大げさなことは控えた方がいいと思います。

私は絵本の言葉や、そこからイメージする力を子どもが自ら獲得できるように、どちらかというと淡々と読みます。絵本の場面を想像するタイミングは個人差があるので、読むスピードもゆっくりです。ページをめくるときも子どもたちが次の展開を思い浮かべられるように、間を与えながらめくります。

読み聞かせから絵画や制作を展開していくこともよくあります。

絵画の授業では、考える力が養われます。

基本コースの絵画は、お家でお手伝いをしているところ、運動会の様子、おイモ掘りの絵など具体的なテーマが中心ですが、慶應クラスは「人に喜んでもらえることをしている様子」を描くなど、自分の考えを絵で表現します。

最近の課題は、「初めて地球に来た宇宙人とお友達になった。宇宙人は数日しかいられない。地球にいる間に一番楽しいことをしたい、一番美しいものを見たい、一番おいしいものが食べたいと言われたら、どんなことをさせ、何を見せ、食べさせるか」というものでした。

これはそのまま自分探しのような課題です。

自分が一番楽しいと思うこと、美しいと思うもの、おいしいと思うものは何かを問われます。答えるためには楽しかった体験、美しさやおいしさに感動した体験がたくさん必要です。


制作の授業では次のような例があります。

『聞き耳頭巾』という昔話をご存じでしょうか。おじいさんが困っていた子ギツネに親切にしたところ、お礼に母ギツネから動植物の声が聞こえる頭巾をもらいました。

その頭巾をかぶったおじいさんは、ある日カラス同士の会話から、長者の娘が病気で原因はクスノキのたたりであることを知り、長者に教えて感謝されるというお話です（内容はいくつかのパターンがあります）。

授業では『聞き耳頭巾』の絵本を読み聞かせしてから、このような不思議な力がある帽子を作り、いす、クレヨン、窓の外の風、お日様などが、自分たちに何を語りかけているか聞いてみようという課題を出しました。

この課題では、お話を集中して聞く力、どのような作品にするか考える力、作品を作り上げる行う力、周囲を見る力、周りのものが何を語りかけているのか話す力など、５つの力をすべて使います。

子どもたちの答えをいくつかご紹介しましょう。

いすは「座ってくれてありがとう」「君は重いけれど僕頑張るよ」。

クレヨンは「ポキポキ折らずに大事に使って」「たまには僕（白いクレヨン）も使ってよ」。

風は「みんなを涼しくさせてあげるよ」「わたしが飛ばしたサクラの花びらきれいでしょう」。

物や自然を豊かにとらえる心とともに、自然の恵みへの感謝や物を大切にする心を育むところまで指導が広がります。

子どもを伸ばす「魔法の言葉」1

子どもの力を伸ばすには、ちょっとした言葉掛けが大切です。
伸芽会には子どもを伸ばす「魔法の言葉」があり、教師たちは場に応じた言葉をかけています。私が教室でよく使う言葉をご紹介しましょう。

発想力を引き出す言葉

子どもは本来自由な発想を持っているもの。子どもが絵を描いているとき、「ウサギの耳はもっと長いよ」などと教えると、発想がそこで止まってしまいます。教えるのではなく、考えるきっかけとなる言葉掛けが大切です。

おっ！
今、考えているところだね

おやおや？
それでいいのかなあ？

いい考えが浮かんだ
顔をしているね

君は何でも思いつく
発明博士だね

この中に
先生も思いつかない
面白い考えを持って
いる人がいます

集中力を伸ばす言葉

小学校入試では、集中すべきときに速やかに集中できるようになることが合格の鍵です。ときには挑発するような言葉をかけ、頑張りをほめていくとチャレンジ精神が育ちます。必要な集中力も自然と備わるようになります。

こんな難しいことに
挑戦できる人は
いないだろうなあ

このグループには
素晴らしいことを
言う子（する子）がいるね。
さて、誰のことかな？

やる気があることは
いいことですよ

挑戦する気持ちが
大事だよ

このクラスは
頑張り屋で
いっぱいだね

第2章

自分の力で答えを出す

慶應クラスの冬〜春

GUIDEBOOK FOR PASSING KEIO

慶應クラスの冬

12月です。新年度がスタートして1カ月が過ぎました。

冬の初めは、授業に参加する気構えをあらためて持ってほしい時期です。

教室には春ごろから来ている子と、新入会の子が混在しています。子どもたちは互いに影響し合い、足踏み状態になる子、ステップアップする子などがいます。

おおまかには、自分で考え表現しようとする子と、考えられず周りの子に合わせてしまう子が半々です。

自分で考えられない子は、「好きな食べ物は何ですか」という質問で最初の子が果物の名前を言うと自分も果物と回答、「好きなところで遊びなさい」と指示すると、ほかの子につられて人数が多いところに行く、などの傾向があります。

そのままでも授業は成り立ちますが、思考力、判断力が乏しいと吸収力も低いため、指導の効果は弱くなります。

冬休みが終わるまでに集団の中での自立を定着させ、自分でしっかり見聞きして自分の力で答えを出す習慣をつけさせることが重要です。

まずは簡単なことから始めます。

「冬って好き？」など、単純な質問です。

「好き（または嫌い）」と答えたら、どうしてか理由を尋ねます。そこで自分なりの答えを言えたら、認めてほめます。

少し時間がかかっても自分で考えて答えを出し認めてもらえれば、子どもは自信がつきます。それまでは先生に言われると、焦ってわけもわからずみんなについていったけれど、焦らなくてもいいんだと気づきます。

もちろん行動でも同じです。子どもにとってはどれだけ認めてもらえるかが肝心なので、ほめることは何でもいいのです。できたという成果だけではなく、少し難しいことにチャレンジしたらその冒険心を認めます。

これをくり返していくうちに考える習慣がつき、吸収力も倍増します。

分断された知識

今の子どもたちは考える力が弱いと感じます。

子どもたちの周りにはさまざまな情報があふれています。学習環境にも恵まれている子が多く知識はたくさん持っていますが、それを別の知識と結びつけて考えたり、知識を基に考えを発展させたりすることが苦手です。

授業で物の浮き沈みの学習をしたとき、こんなことがありました。

くぎと鉛筆は浮くか沈むか尋ねると、くぎは金属だから沈む、鉛筆は木だから浮く、という答えは出ます。ところが「では、ここにある材料を使って鉛筆が水の中で立つようにしてください」と言うと、見当違いなことをし始めます。

用意された材料には木製のものや金属製のものがありますが、鉛筆の沈めたい方に木片をつけて輪ゴムで留めたりします。それでは鉛筆は立ちません。金属は沈むと知っていても、それを鉛筆の沈めたい方につけるという発想ができないのです。

あるいは、赤と青を混ぜると紫になることは知っています。

それでも、私が「ここに魔法の缶があります」と言いながら缶に赤い水を入れて出し、紫に色が変わったのを見せると、多くの子が「すごい！　本当に魔法の缶だ！」と納得してしまいます。混色の知識は半分以上の子が持っているのに、その知識を踏まえて推理を成り立たせる子はほんの一握りです。

こうした知識は、本来は実際の生活で体験や遊びを通して習得すべきものだと思いますが、それが逆になってしまっていると感じます。

あるいは受験のためにあえて生活体験や遊びを省略して、試験に出やすいパターンだけ体験させているようです。そのため、教えられたパターン以外の課題が出されると応用がきかず、答えられないというケースが見受けられます。

小学校の入試では、野菜や果物が水に浮くか沈むか、断面はどのような形かといった問題が出ることがあります。その対策のためにわざわざ水槽を用意し、野菜や果物を買ってきて「実験」するご家庭がありますが、それでは断片的な知識しか身につきません。

水槽を用意する前に、日常生活の中で体験を重ねられるようにしていただきたいのです。わざわざ機会を設けなくても、普段台所でお手伝いをしているときに、水を張ったボウルに野菜を入れて洗えば、キュウリやトマトが水に浮き、ジャガイモやニンジンは沈むことがわかります。家族が調理をする様子を見ていたり、野菜や果物を切るお手伝いをしたりすれば、断面も自然に目に入ります。

食器を洗うときも洗いおけやボウルなどに水をためて入れてみると、金属製のスプーンやフォークが沈み、木製のおはしやおわんが浮くことに気づきます。

でもただ体験するだけでは発展がありません。お父さんやお母さんの「どうして浮かぶものと沈むものがあるのかな」の一言が大事。子どもの見る力や考える力はここから始まるのです。

色についても、絵の具や植物を使った色水遊びや絵画、制作をたくさん経験していくと、混色の知識だけでなく色彩感覚や創造力も育まれます。

発達に応じて学ぶ機会をつくる

伸芽会では「教えない教育」を実践しているとお話ししました。

でも、だからといって何もかも教えない方がいいというわけではありません。

子どもの発達段階によって、教えた方がいいことや教えるべき時期があります。

ただそのときも、伸芽会の考え方は一般的な「教える」という感覚とは違っているかもしれません。

「○歳だったらこれができなければいけないから」などと、いきなり教え込むというのではなく、遊びなどを通して子どもの発達を促し、力が満ちて教えるべき時期がきたら場を与えてきっかけをつくるという考え方です。

クレヨンやおはしの持ち方でご説明しましょう。

出発点は物をつまむ動作です。

子どもが物を持つ様子を見ていると、最初はつかむようにして持っていますが、次第に指先で操作できるようになってきます。そうなってきたら、豆などの小さい物をつまんで箱から皿に移し替える動作や、つまようじを粘土に刺す遊びなどをさせてみます。

小さい物の扱いに慣れてきたころクレヨンや鉛筆を持たせてみると、特に教えなくても正しく持つことができます。

鉛筆を持つ手にそのまま1本足せば、おはしの持ち方になります。そして食事のときにおはしも用意しておけば、家族のまねをしながら使えるようになります。

はさみの使い方も、関係なさそうに思える遊びとつながっています。

はさみを使うときの手の動かし方は、「グー、パー」と握ったり開いたりする動作と同じですが、1～2歳ごろは切るときの力の入れ方がわかりません。そのようなときは、2人で向かい合って紙テープや草を引っかけて引っ張り合う紙相撲や草相撲をすると、物を握って力を入れる感覚をつかめます。

洗濯ばさみも指の力を使うので、洗濯物を干すお手伝いをしてもらうのもいいでしょう。

洗濯ばさみは遊びにも使えます。

教室では紙皿にクレヨンで顔を描き、周りに洗濯ばさみを留めてライオンの顔を作ります。

子どもたちは喜んで、何度も洗濯ばさみを外したり留めたりします。

この動きが、はさみを持ったときに役に立ちます。

つまり、何かをできるようにさせたいときはいきなりやらせるのではなく、生活や遊びの中で段階を踏んで体験させていくと、そこに至るということです。

おもちゃの考え方①

皆さんは、子どもには年齢相応のおもちゃを与えなければいけない、と思っているのではないでしょうか。

子どもは小さければ小さいほど身の回りのものすべてがおもちゃ（興味の対象）です。そして、それらを使った遊びは大人の働きかけひとつで大きく広がっていきます。特に他者との接触が少ない２歳ごろまでは、ご両親のかかわり方が非常に大事です。

０歳は五感をフルに働かせる時期です。子どもは生まれて数カ月経ちハイハイするようになると、生きていくための探求が始まります。ハイハイしながら見つけたものを手当たり次第に触ったりなめたりしながら、まず感覚で吸収していきます。

私の息子もいろいろなことをしていました。

ハイハイしていて静かになったと思うと、テーブルの脚をなめていたことがありました。

物をつかんで持ち替えることができるようになると、読み終わった新聞を入れている袋から新聞をどんどんつかみ出しました。

台所に這っていって自分の背より高い引き出しを開け、手探りでフライ返し、泡立て器、ザルなどをどんどんひっぱり出したこともありました。

そのうち物を指でつまめるようになると、ティッシュペーパーを箱からつまみ出すようになりました。

世の親御さん方は「だめ、だめ」と取り上げてしまうかもしれませんが、大人からすると迷惑ないたずらでも、子どもにとってはすべてがおもちゃであり、遊びです。子どもなりにいろいろ考えながら、試みているのです。大きくなるまでずっとやるわけでもなく、気が済めば興味は別のことに移るので、あえてやらせてみる時期も必要ではないかと思っています。

息子のティッシュペーパーつまみもそういうことを楽しむ時期なのだと思い、好きなだけやらせました。見ているとひたすらつまみ出し、その数43回。

脇にはティッシュペーパーの山ができました。

ここで子どもの発達や興味に沿った働きかけをすると、巧緻性（こうちせい）、発想力、創造力などが伸びやすくなります。

私は「つまむことに興味を持ち始めたんだな」と思い、ジャムの空き瓶のふたにくぎで穴を開けて、中に短く切ったストローを落とせるおもちゃを作りました。

すると息子は楽しんで遊んでいます。

「では、こんなおもちゃはどうだろう」

次の段階として、粘土に刺した竹ひごにビーズを通すおもちゃを作りました。息子は最初、竹ひごの先をビーズの穴に当てることもうまくできませんでしたが、教えなくても何度もくり返すうちに、ビーズの向きを変えるなど工夫しながらできるようになりました。1歳になるかならないかくらいでも学ぶ力、考える力が育っていることを実感した出来事でした。

このとき、親も「赤、青、黄色」などとビーズの色を言いながら一緒に遊べば、色の名前も認識していくようになります。あるいは、親が赤、黄色、赤、黄色などのように規則的に通したものを置いておくと、子どもは何となくまねをする時期がきます。ただ通すだけだった遊びに別の目的が加わり、遊び方が広がっていきます。

日用品がきっかけとなった遊びに関しては、こんなこともありました。

息子は歩き始めたころ、日用品を保管している棚からトイレットペーパーを何個も持ち出してきました。2、3個積んでやるとまねをしてその上に積みます。そこで積み木を与えてみると自分の背の高さまで倒さずに積めるようになりました。

それまではただ出すだけだったものが、積むというきっかけを与えられたことでそれが目的になり、出して積んで遊ぶというところまで意識、遊びの段階が上がったわけです。

ご家庭でも、お子さんが遊ぶ様子を見ていて、「こういうことをしているなら、こうすれば遊びが広がるんじゃないかな」「こうすればもっと関心を持ってさらに何か考えながらやるのかも」などと考えながら働きかけるといいと思います。

おもちゃの考え方②

いいおもちゃというのは、幅の広い遊び方ができるおもちゃだと思います。決まった遊び方だけでなく、ほかのおもちゃと組み合わせるなど多彩な遊び方ができ、1人でも大人数でも遊べるようなものです。

その観点でいえば、紙1枚も「いいおもちゃ」です。

紙1枚でどんなことをして遊べるか、考えてみてください。

4～5歳児に聞くと、お絵描きをする、飛行機を折る、くらいは出ますが後が続きません。

私が紙を丸めると、「くしゃくしゃにしていいの?」と驚きます。「とれるかな?」とキャッチボールを始めると、「ああそうか。そんな遊び方もあるなあ」と気がつきます。

「じゃあサッカーもできる？」

「でもこれ小さくない？」

「もっと紙を周りにくっつけて大きくすればいいよ」

「野球もできそうだね」

「バットがないよ」

「紙をクルクル丸めるとバットになるよ」

どんどんアイデアが飛び出します。

「紙はこういう形で使うもの」とか、「このおもちゃはこういう使い方」など、私たちの考え方は型にはまりすぎていると思います。子どもに柔軟な発想をさせるには、まずは大人が物事を柔軟にとらえる必要があります。


では、紙を使って別の展開を考えてみましょう。

みんなに同じ紙を配ります。

それぞれ紙を丸めてもらい「Nさんの玉とY君の玉は同じ？」と持っていくと、遊びながら比較の学習ができます。

「Y君の方が大きい」

「そうだね。じゃあ、どっちが重たいと思う?」

「こっち。だって大きいもん」

「なるほど、そうかもね」

中には小さい方が重いと言う子もいます。どうしてかというと、ギューッと力を入れて丸めたから。

「では、調べてみましょう」と、天秤ばかりで量りました。

すると、はかりはつり合いました。2つの紙玉は同じ重さです。

「うそー!」と子どもたち。

しばらくすると、「わかった! それは同じ紙で作ったからでしょう」との声が。

「ああ、いいところに気がついたね」

「じゃあ、A君手伝って」

1人の男の子に真っすぐ立ってもらってから抱き上げました。

「結構重いね」

次にA君にしゃがんで玉のように丸くなってもらい、再度抱き上げました。

「さて、立っていたA君と玉のようになったA君はどちらが重い？」

「同じでーす。だって、ポーズが変わっただけだよ。もうだまされないよ」

依然として間違えている子はいますが、ほとんどの子は声をそろえて答えました。

このように、紙1枚でも工夫をすればいろいろな方向に広げていくことができます。それは親や教師がどういうタイミングでどのようにきっかけをつくり、考える枝葉を伸ばしていくかによります。

ただし事を急いで干渉しすぎると、子ども自身が考えて試みることを妨げることになります。そこは意識して、場を与えて待つことも大事です。

あえて不便を取り入れる

日本の生活環境は、この数十年でとても便利になりました。

公共の場には、エスカレーターやエレベーターが整備されています。ドアを開けると連動して照明がつき、便器のふたが開いて、用を足せば自動的に水が流れるトイレもあります。

洗面台で手をかざせば温水が出て、洗った手は温風で乾かせます。

便利で快適なのはいいことですが、一方で「これでいいのだろうか。そのために失うものもたくさんあるのではないか」とも思います。

伸芽会のある保護者の方も同じことを言っていました。

「非常に便利な時代になったけれど、子どもの将来のためにはむしろ生活に不便さを取り入れた方がいいのではないか」と。

幼稚園の入試でも、生活習慣のテストとして回すタイプの水栓のハンドルをひねって手を洗い、ハンカチでふくという課題が出されることがあります。普段センサー式やレバー式の水栓、ハンドドライヤーなどを使っていると、水栓のハンドルをひねる、ポケットからハンカチを取り出して手をふき、きちんとたたんでポケットにしまう、という動作がスムーズにできません。

生活習慣は、水を出そうとして水栓のハンドルをひねったら水の勢いが強すぎて周囲にはねてしまった、水を止めようとしたけれど栓がうまくしまらない、ハンカチをポケットに入れようと思ったら丸まってしまって入れにくい、などの失敗も含めた体験を通して身についていくものです。

基本的な生活習慣については、生活が便利になった分、子どもたちの経験値が低下しているのです。

加えて、便利になったことで、子どもの感性や体力が育まれる機会も減っていると感じます。文部科学省の調査でも、30年前に比べて子どもの体格は向上したものの体力は低下しているというデータが出ています。そう聞くと、では子どもを体操教室やサッカークラブに入れようと思う方が多いかもしれません。

でも、その前に生活習慣を見直してみてください。

皆さんはお子さんと出かけるとき、どのように移動していますか。

お子さんはもう十分歩けるのにベビーカーに乗せて駅に行き、駅や目的地ではエレベーターを利用していませんか。

あるいは目的地まで車で行き、着いたらお子さんをベビーカーに乗せているのではないでしょうか。

普段の生活の中で子どもにできるだけ自分で歩くようにさせるだけでも、体力づくりに効果があります。駅の階段もほかの人の迷惑にならない程度に、上り下りさせてほしいと思います。

移動のスピードも問題です。

車やベビーカーは、いわば大人の都合に合わせた速度です。

子どもは自分で歩くとき、物事を見聞きするとき、考えるとき、すべて子どもの速度で行っています。

乗り物に乗って目的地まで一直線に行く方が便利ですが、子どもの成長のためには速度を合わせることも必要です。

時には周りの景色を眺め、おしゃべりしながら、子どもに合わせてゆっくり歩いてみてください。

「きれいなお花が咲いているね。風が吹いてお花が踊っているみたいだね」

「うわあ、テントウムシがいる。何をしているのかな」

親子とも適度な運動になるとともに、大人の速度で移動しているときには気づかなかった風景が目に入り、子どもとの会話も増えます。

子どもの感性や知識も身についていきます。

授業の後にお願いしたいこと

慶應クラスの授業は1回90分です。

内容は絵画や制作などの表現活動、ゲームなどの集団遊び、運動の3本立てです。

幼児に90分は長いと思われるかもしれませんが、楽しんでいる子どもたちにとってはあっという間。いつも「もっとやりたい」とせがまれます。

授業が終わると子どもたちは保護者のもとに行き、作った作品を見せながらやったことを話します。

思い通りの作品ができて表現もうまくできた子は、ニコニコして自信たっぷりに保護者に作品を見せています。

どう作ればいいか考えがまとまらず、途中で時間切れになってしまった子はちょっと悔しそうです。

指導内容は毎回保護者の方に説明しています。なぜかというと、ある程度内容を把握したうえで、お子さんが授業で何をしたか話したときに丁寧に答えてもらいたいからです。

「今日も面白かったよ。これをやったんだ、あれもやったんだ」

「それは、すごいじゃない！」

あるいは、

「失敗しちゃった」

「何を失敗したの？　じゃあ次はどうしたらいいと思う？」

「それに気がついたなら、来てよかったじゃない」

お子さんが楽しんだことを報告したら思い切りほめてあげてほしいですし、失敗しても責めないでいただきたいのです。

とても頑張っていた子や気になることがあった子の保護者には、個別にお伝えすることもあります。毎回細かく知りたがる方もいらっしゃいますが、神経質になりすぎると逆効果です。お子さんの状態と親子の状況などを考えて、どの程度の話をするか判断しています。

子どもに考える習慣をつけさせる

小学校受験の対策というと、親はどうしても目先のことにとらわれがちです。

ペーパーテストがあるから、練習問題を毎日何十枚もやらせなきゃ。

いろいろな体験をさせた方がいいらしいから、野菜を育ててみよう。博物館の体験教室に参加させよう。

運動テストのために体操教室に入れよう。

そのような方が私たちの教室に来られたら、「その前に、どのようなお子さんに育ってほしいか考えましたか？」とお聞きします。

小学校受験で大切なのは、個々のテスト対策よりも「どのような子どもになってほしいか」というビジョンを親が持つことです。

どのような子になってほしいか。

私たちが描いているビジョンは、全体のことや先の展開が読める子どもです。その下地はご家庭で培うことができます。

まず、子どもに考えさせる指示出しを習慣づけてください。

幼児のうちは生活習慣ひとつにしても、はじめは手順を細かく教えなければできないかもしれませんが、ある程度体験を重ねたら大まかな指示だけして、あとは子どもが自分で考えて行動できるようにしていただきたいです。

お風呂に入るとき、それまでは親がタオルや着替えを用意して服の着脱も手伝っていたとしたら、「お風呂に入ろう」と言うだけにします。

1人で入らせるのは危険な年齢なので親も一緒に入るか見守っていると思いますが、用意や着替えは手伝いません。

お風呂に入るためには何を用意すればいいか、それはどこにあるのか。

脱いだ衣類はどこに入れるのか。

お風呂からあがって体をふいたタオルはどうすればいいか。

パジャマはどうやって着るのか。

子どもは一つひとつ自分で考えてやり遂げなければなりません。

食事のお手伝いでも考えさせる指示ができます。

テーブルの支度なら、何を出してどこに並べてなどと細かく説明せず、「ごはんの準備をしてくれる？」とお願いするくらいにします。すると子どもは普段の食事の様子を思い浮かべながら、必要なものを取り出して並べようとします。

いつもプレースマットが敷いてあって、その上におはしとお茶わんとお皿があるな。マットはいつもママが戸棚から出してくる。

おはしとスプーンは引き出しにしまってある。

いつも使っているものがどこに収められているか、あらためて認識することもあるでしょう。

食器を並べてみて、はし置きを忘れたことを発見するかもしれません。

日常生活の中だけでも考えさせる機会がたくさんあります。

子どもはこうした体験を通して、何かを行うときには段取りを考えなければいけないことに気づきます。そして体験を重ねていくと先を読む力もついていきます。

思いやりの気持ちを持たせるには

小学校の入試で、「絵の中でいけないことをしている人に×をつけましょう」といった常識問題が出ることがあります。

駅のホームで走り回って遊ぶ。

線路に物を投げ落とす、あるいは飛び降りようとしている。

横断歩道で歩行者用の信号が赤なのに渡ろうとしている。

ごみを道端に投げ捨てる。

人に迷惑をかける行為や、危険な行為をしている人に×をつけます。教室で見ていると、間違える子はほとんどいません。でも、その行為によってほかの人がどのような気持ちになるのか、どのようなことが起こるのか、はっきりわかっているのかは疑問です。

また、おばあさんが電車に乗ってきた絵を見せ、「あなただったらこういう場合はどうしますか？」と尋ねると、みんな「おばあさんに席を譲ります」と答えます。だからといって実際にできるかというと、できない子がたくさんいます。

これは、電車ではお年寄りに席を譲った方がいいと教えられて知っているだけだからです。または席を譲った体験があったとしても、親に「こう言いなさい」「早く」などと言われたから仕方なく、という程度だからだと思います。

周りへの配慮や思いやりの気持ちを持たせるには、自分が人に配慮してもらってうれしかった体験や、自分も人のために役に立てるという実感が不可欠です。

それは家庭で家族とのかかわりや、お手伝いなどを通して体験していくのが一番です。

今は少子化のためか子ども優先で親が過保護になり、何でも手を出しすぎてしまう傾向があります。すると子どもにかなりの力がついてきているのに引き出せないままになり、子どもはいつまでたっても自分の力を自覚できず、それを発揮できなくなります。

家庭の役割は、子どもの自立を後押しすることです。そのためには、周りの人とかかわれるようにしなければいけません。

きょうだいがいれば、下の子の面倒をみる、上の子を気遣うなど日常のかかわりを通し、人に対する配慮はある程度できるようになります。きょうだいがいない子は、人とかかわる機会をできるだけ増やすとよいでしょう。

かかわりといってもまずはあいさつだったり、お友達が困っている様子だったら声をかけてあげることだったり、自分が助けてもらったときに「ありがとう」と言うことだったりします。

家で家族とあいさつし、お手伝いをしてお礼を言われ、役に立てたという喜びを感じていれば、自信を持って外でも同じことができるはずです。

お父さんやお母さんは、子どもがお手伝いをしたら、おかげで家事がはかどった、とても助かったなど、感謝の気持ちをしっかり伝えてください。

そうすることで、子どもは人の役に立てると実感し、またお手伝いしたいな、誰かのために何かしてあげたいな、という気持ちが育ちます。

親のかかわり方が子どもに表れる

伸芽会では月1回授業参観を行っています。

このとき子どもたちの顔を見ていると、どの子の親が細かいことにこだわっているかがわかります。

「お話を聞いているときの姿勢が悪い」

「手を真っすぐに挙げていない」

「答えるときの声が小さい」

家に帰ると、こと細かにダメ出しされるのでしょう。子どもはまたしかられると思うのか、緊張して表情が硬くなっています。

眉間にしわを寄せて、失敗しないようにという用心からけっして手を挙げようとはしません。ペーパーの課題や制作など言われたことは一応やりますが、とりかかるときはまず周りの子を見て確認してから動きます。

どちらかというと、親に細かく言われるのは女の子が多いようです。お行儀に厳しいカトリックの名門女子校を目指すような子には、特にその傾向が見られます。家でも「そんな言葉遣いじゃだめ」「そんなお辞儀じゃだめ」などと言われ続けているのではないでしょうか。だから表現する場を与えられても、すごく慎重になってしまいます。やらないのが一番安全、やらなければ失敗しないのでその方が確実だから極力表現しない、となってしまうのです。

このような子は表現力の発達が非常に遅れます。

お行儀やしつけは大切ですが、度を越さないようにお願いしたいものです。

細かい親ということで気になるのは、お父さんの対応です。

昔は口うるさくしかるのはお母さんが中心でしたが、最近は細かいことにこだわる厳しいお父さんが増えています。

これでは子どもも息が詰まってしまいます。

ご両親とも細かいことにこだわる場合は、それぞれが役割意識を持つことをこちらから提案して、修正していくことがあります。

たとえば、お父さんはもっとゆったりと構えてサーチライトのような役割でちょっと遠くを照らし、お子さんの将来像を映し出してあげる。そしてそのためには何が必要かということを、大きな流れでとらえていただきたい。

また、何もかもご両親が同じように子どもに手をかけるのではなく、スポーツや自然体験など体を動かすことはお父さんが担当する、などと決めておくといいでしょう。男の子だったら虫捕りや、野球、サッカーなどを好む子が多いと思いますが、「じゃあ道具をそろえなきゃ」などと構える必要はなく、新聞紙を丸めてキャッチボールをする、でもいいわけです。

子どもの成長には親のかかわり方が表れます。

教室に初めて来ても、最初から本当に人懐っこい子がいます。そのような子は、やはり親の普段のかかわり方が全然違います。何事も肯定的にとらえて「いいね、いいね」と言ってあげられる親のもとで育った子は、ほかの大人も親と同じだと思っているので何の警戒心もなく朗らかでリラックスしているのです。

だから受講初日や模擬テストで初めて教室に入ってきたときに、顔を上げて私たちの顔を見ながらニコニコしている子は、いい育ち方をしているなと思いますね。

偏差値で焦らない

小学校受験は、子ども、親、教室が三位一体となって取り組む必要があります。そのため、保護者とのコミュニケーションは非常に大切です。

伸芽会では月2~3回保護者との面談や電話訪問を行い、お子さんの状況をお伝えして、お互いの考えを確認し合っています。

面談は保護者の方からお申し込みいただくほか、こちらからお話ししたいことがあればご連絡することもあります。お母さんよりお父さんに話すことが必要だと思うときや、また逆のケースもあります。

私がこの仕事を始めた約40年前は育児は母親が中心で、母親のあり方が悪いと子どもの成長や健康にひずみが生じるという「母原病」説が話題になったことがありました。

その当時は、父親は仕事一辺倒で育児にはかかわらないというのが当たり前でしたが、今はお父さんたちが非常に教育熱心です。教室でも、土曜日のつき添いや参観日にいらっしゃるのは半分がお父さんです。

お父さんたちは偏差値教育で育ってきているので、お子さんの偏差値もとても気にします。私たちも模擬試験で偏差値を出していますが、あくまでも参考のためです。幼児はまだ発達の初期段階。偏差値も中学受験以上に比べるとおおらかなものです。単純に偏差値だけで志望校を選ぶということもありません。

保護者の方には、偏差値50前後がその集団の平均の位置にいるという目安であることと、生まれ月によって見方を変えるべきことなどをお伝えします。

だから数字だけで焦る必要はなく、数字を客観視しながらお子さんの不足しているところをわかっていただいて、それは何が原因か、それを補うために親はどのようなことをしたらいいのかということをお話ししていきます。

春の様子

春は新年長クラスの子たちが、幼稚園や保育園で本当の年長さんになります。その自覚のもとに子どもたちが一番伸びる季節です。

保護者の方たちはそれまでの通塾を通して見えてきたお子さんの得手、不得手、適性などを考慮しながら、志望校対策を本格的に進め始めます。

慶應クラスの春は、周囲とのかかわりをより意識させる時期です。

それまでにも集団で行う課題はありますが、1グループの人数は少なく2～4人です。幼児は元々コミュニケーション力が弱いので、最初は少ない人数でお友達とのかかわり方を学べるようにしています。そして春ごろから5～6人、7～8人と増やしていきます。

課題の内容も全体的に難しくなります。

集団で行う課題はグループのみんなで先の展開まで考えて、対策を練っておかないと失敗してしまうようなものが増えていきます。

絵画は、初めのころは自分が普段遊んでいる様子や、家庭での食事風景など身近なテーマが中心ですが、この時期になると動きや表情を加えたものや創造画など、実際の試験に近づきます。

制作も新聞紙や粘土など単一の材料を使った単純なものから、複数の材料を組み合わせて作るような、表現力、巧緻性などが試される課題が多くなります。

春は伸びる時期とはいっても成長過程には個人差があるので、クラス全員が一度にできるようになるわけではありません。

成長の鍵はクラスの「核」となる子です。

毎年クラスに数人、みんなのお手本になるような子がいます。その子たちが刺激となり、ほかの子たちも「ああなりたい」「負けないぞ」などと思いながら育っていきます。

授業が終わると、教師は保護者の方たちにどのようなことをしたか説明をします。

子どもたちにとっては、このとき授業で作った作品を見本として持っていかれるのも励みになるようです。

スケッチブックや作品をお見せしながら、保護者の方にお話しします。

「お子さんたちは、このような物の見方ができるようになってきています」

「このぐらいまでじっくり見ようと思える、好きなことや得意なことがあるといいですね」

この時期になると絵は模倣から脱して、自分の考えを表現できるようになってきています。面白い発想や独自の工夫も見られます。

それを定着させ、発展させていくのがその次のシーズンです。

子どもを伸ばす「魔法の言葉」2

発表力を伸ばす言葉

発表力を伸ばすには、「話せた」という成功体験の積み重ねが必要です。私は子どもが発した言葉を受け止め、具体的にどんな点がいいか、声をかけています。すると「もっと話したい」という意欲がわき、発表力が育ちます。

なんて素晴らしいお話だ！

様子が目に浮かぶような
話し方だね

あなたのお話を聞いていると
ワクワクするね

どんなことも
最初は一つからだよ。
その一言が
言えることが大切

その一言、
いいヒントだね

巧緻性を高める言葉

手先の器用さには見る力がかかわっています。先生のお手本を見て、同じように自分の手を操れるかどうかがポイントだからです。手元に目線がいくよう声掛けをすると、手の動きに集中できるようになります。

会うたびに
お仕事が上手になるから、
先生は楽しみだよ

○○さんの手は
素晴らしい
お仕事をするね

君の手はすごい
スピードで動くね

グループでの
お仕事では、
作品を大切にする人が
いるといいね

第3章

慶應クラスの直前期

「振り幅」の広い子を育てる

GUIDEBOOK FOR PASSING KEIO

慶應クラスの夏

慶應クラスは1年かけて準備をするとお話ししましたが、同じメンバーだけで1年間過ごすわけではありません。途中から入会する子や、春休みや夏休みの講習だけ参加する子もいます。

講習だけ単発で来る子には、普段は伸芽会の別の教室に通っているけれど慶應志望ということで、保護者の方の希望や教師の勧めで参加するケースや、他社の教室に通っていてお試しで来るケースなどがあります。

中には1日だけという子もいますが、子どもの成長を促すためには、もちろん継続して通っていただいた方が効果があります。

夏期講習のある日の様子をお話ししましょう。

まず自分の好きな生き物のお面を作り、それをかぶって生き物のまねをする、次に歌を歌いながらその生き物になったつもりでパフォーマンスをする、という課題を出しました。

「みんなは何のお面を作りたいですか」

「バッタ」「恐竜」「ネコ」「ウサギ」「パンダ」「キリン」……。

いろいろな生き物が出そろいました。「宇宙人」という子もいます。

制作にとりかかると、以前から来ている子はテキパキと動いています。

その中の1人、K君はホタルを作りました。

K君は虫が大好きです。

前回の制作ではセミを作りました。体は折り紙で作り、半透明の紙で羽を作って筋も描いてなかなかリアルです。

「虫を机の上に置いている子がいるけれど、逃げていかないのかな?」

「これは作ったものだから逃げません」

「それは何? 鳴きそうな虫だね。あれ? 声が聞こえてこないよ」

「ミーンミンミンミンミン、ミンミンミンミーン!」

「今のは何ゼミ?」

「ミンミンゼミです」

「じゃあ、ほかのセミは?」

「シャンシャンシャン。クマゼミです」

「うまいね! みんなどう? 本物みたいに聞こえない?」

こんなやりとりがあったからでしょう。ホタルのパフォーマンスも自信を持って元気よく「ピカピカ、ピッカピカ!」と、お尻が光る様子を表現してくれました。

一方初めてで1日だけ参加のIさんはウシを作っていますが、なかなか進みません。教師がときどき声をかけてイメージを引き出しアドバイスをしますが、思い通りに形にできないようです。

結局時間内に完成できず、パフォーマンスもしたがりませんでした。

皆さんはK君は教室に慣れていて、教師との信頼関係もできているからのびのびと表現できるだろうけれど、Iさんは初めてだから仕方ない、と思われることでしょう。でも、入試ではどの子もIさんと同じ立場です。

初めての場所で初対面の先生やお友達の中で、自分の力を最大限に発揮しなければいけません。

Ｉさんが夏期講習以降も通ってくれれば、受験までに変わっていける可能性は十分にあります。伸芽会のほかの教室に在籍していれば、担当の先生に連絡して授業での様子を報告し、今後どのような指導をするとよいと思うかフィードバックをします。

「このような様子だったから、残り2カ月はこういうかかわり方をするといいと思います」

という具合です。保護者のご協力も必要なので、親子の関係性を尋ねることもあります。

小学校受験の教室選びで迷われる方が多いようですが、教室間で連携を図りながら子どもの成長を見守れる点は伸芽会の強みだと思います。

子どもは教え込まれるのが嫌い

子どもは教え込まれるのが嫌いです。

親が子どもに絵の描き方を教えようとすると、すごく抵抗する子がいます。「ゾウはこう描くの」と手を添えて描かせようとすると、手に力を入れて描こうとしなかったり、「もうちょっときれいに塗らなければだめよ」と言われても塗らなかったりします。

これは「ゾウはこれでいいんだ」という主張や、何から何まで指示されるのはプライドが許さないといった気持ちの表れです。自立心が旺盛な子ほどその傾向があります。

教室の保護者の方々には、成長の節目でもあるので無理に教えようとせず、お子さんと一緒に絵を描くことを楽しんでください、とお話ししています。

「こうしなきゃだめ！」と強制するから、子どもも反発してかたくなになるのです。どのような絵がいいかは子どもにもわかっています。親が描いた絵をそばに置いておけば、子どもは自分の絵と比べて上手だと思うところは自ら取り入れます。

教室の絵画の授業はこんな様子です。

「それを描きたいなら、こう描いたらどうかな」

教師が机に指で描いてみせます。

「うーん……」

子どもは首をかしげます。自分なりの見方があり、教師の描き方には納得がいかないのですね。

「どう描きたいのかな。じゃあ、それをやってごらん」

子どもの表現方法を尊重し、「その方がいいかもね」と認めます。

子どもには「それは知ってる」「前に見たらこうだった」「こういう色の方がそれらしい」など見解があります。それらを反映した作品でないと達成感や自信は得られません。

そのうえで、入試に対応できるようなものを見る力や表現する力をつけるためには、体験が大切です。それも動物を描けるようにさせたいから、動物園に連れていくというだけでは不十分です。

では、どうすればよいでしょうか。

子どもが動物をよく観察しようと思えるような仕掛けをしてください。

たとえば、動物園で本人に写真を撮らせて、それを使って作品を作ります。

模造紙など大きな紙に動物園の絵を描き、写真をそれぞれのおりの場所に貼って思い出日記にします。

自分で撮った写真なら、「わあ、できた、できた」「ちゃんと撮れてる！」など思い入れや感動も強く、よく見ようという気持ちになります。

あらためて見ると、「キリンの模様は黄色に黒い水玉だと思っていたけれど、全然違うんだ」などと気がつきます。

授業で、「自分の大好きな動物と何かしているところを描く」という課題を出したことがあります。

ある子は、キリンに餌をあげている絵を描きました。動物園で餌づけ体験をしたそうです。絵のキリンの模様は本物と同じでした。絵の中のその子は台の上に立ち、さらにつま先立ちをしていて、キリンの大きさや餌をあげたい気持ちもよく伝わってきます。

教室では、その絵をただ「上手だね」だけで終わらせず、できるだけ具体的に評価します。

「これは本物のキリンの模様みたいだね。そんなところまでちゃんと見てきたんだね。○○さんが一生懸命餌をあげようとしているのもよくわかるね」などと話します。すると動物だけでなく、ほかのことも注意深く観察するようになります。絵を描くときの観点も変わってきます。

つまり、子どもに「こうなってほしい」と思うなら、できるだけ本人の行動や作品を「こういうところがいい」「こうなってきているからいいと思う」など、一つひとつ具体的に伝えます。

そうすることで、その能力を本当に獲得してその子の特徴として根づかせていくことができます。

認めてほめて伸ばす

小さい子どもはみんな認められるべき存在だと思います。
危険なことや人に迷惑をかけるようなことをしたら注意することは必要ですが、それ以外のことは積極的にほめて体験の幅を増やしてあげてほしいです。

慶應クラスに、制作ではカラフルな色合いの個性豊かな作品を作れるものの、みんなの前で表現できない子がいました。

作っているときは生き生きと楽しそうに、いろいろな材料を使いながら作品を仕上げます。

「では、みんなの前でどんな作品を作ったか発表しましょう」
「作品を使って、グループで遊びましょう」

そういう場面になると固まってしまったり、泣いてしまったりします。

作品制作も自己表現の手段ですが、本人だけで完結します。発表や身体表現のように、間違えたらお友達に笑われる、恥ずかしいなどのプレッシャーもないので安心して楽しめるのでしょう。

作品が作れるということは、物を見る力と表現する力の土台はあるということです。だからまず、できていることをいっぱいほめてあげればいいのです。

子どもは1つほめられて自信がつくと、ほかの表現もできるようになります。「この先生は作品のことをいっぱいほめてくれた」という安心感で、「この先生の前だったらほかのこともやってみようかな。来週は発表してみようかな」などと思えるようになります。

次の週、その子は発表してくれました。

まだ大きな声は出せないし、すごく恥ずかしそうです。

「えらいじゃない！　そういえばこの間は涙が出ちゃってできなかったんだよね。今日はできたじゃない。えらいね」

すると、次に来たときにはまた変わります。

あるいは次回、教室に入ってきたときに、

「1回目は泣いちゃったけれど、2回目はちゃんとできるようになってすごくよくなったんだよね。先生は覚えているよ。今日はどうなるのか楽しみだね」

と、先に言っておいてあげると意欲が高まり、歌や踊りもできるようになります。

同じほめるにしてもその場限り、その日だけで終わらせず、つながった形でほめることが大切です。

ほめるべきところは、その子にとって核になることです。

どんな子でも、ちょっとしたきっかけで伸びる核を1つは持っているものです。

ある子は運動能力だったり、ある子はお話だったり、ある子は絵を描くことだったり、ある子はいつもニコニコしているということだったりするでしょう。

それを見つけてほめてあげれば、自信を持ってできることがどんどん広がっていきます。

子どもは教師に似る

子どもは親に似ると言われますが、教師にも似ます。

保護者の方との面談で、お子さんが家でたびたび私のまねをしていると言われます。絵画や制作の授業でよく言う「いいですねえ」「みんなこれ見て、いいと思わない？」などの言葉をまねすることが多いようです。

ある子は、台所で洗い物をしているお母さんのところに来て言いました。

「おやあ、それでいいのかなあ」

これも私がよく使う言葉です。

子どもたちがやり方や答えを間違えたとき、「それは違うでしょう」と最初から否定するのではなくて、「おやおや、なんだかちょっと……。それでいいのかなあ」などと「もう一度考えましょう」と促す意味で言います。

洗い物をしていたお母さんに声をかけた子は、お母さんが水を出しっぱなしにしていたので「水を止めた方がいい」と言いたかったようです。

仲芽会創業者の大堀は、どのような子に育ってほしいか目標を持つだけではその通りに育たない、教師自身がそうあらねばならない、といつも言っていました。「物事を順序立てて考え、考えを筋道立てて論理的に話せる子にしたければ、まず教師自身がそういう考え方ができる人間であれ。

1年間のゴールを入試とするならば、そこに到達するための方法を考える。そして90分の授業の中で順序立てて指導をし、子どもの力を引き出すようにしなさい」ということです。

また、教材は消しゴム1つだけ、あるいは新聞紙1枚だけというようにたった1つしかなくても、2時間の指導案が組めるようでなければいけない、とも指導されました。

慶應の入試の絵画や制作の課題では、自分が好きなものなどをテーマに作品を作ったり表現したりします。発想力や展開力が必要です。

消しゴム1つで2時間指導できる発想力、展開力のある教師のもとで育てば、子どももそのようになるはずだというのです。

そのぐらい子どもは教師に似てしまうので、毎回授業の準備、授業チェックの会議でも、教師たちに常に自分の悪いところを見つめ、改善策を考えるよう話しています。

私自身も、今でも授業のたびにこれでよかったか、記録として残すに足るものだったかふり返り、よりよい指導を目指しています。

しかるのは難しい

私は小学校受験の指導に携わって40年以上になりますが、子どもをしかることは一番難しいと今も感じます。

本人になぜしかったのかわからせなければならないし、保護者にも納得してもらわなければなりません。認識の違いで、子どもの言い分と教師の説明に食い違いが生じることもあります。

そのような中で、どうしかればいいかというと、説明するより子どもに考えさせる方が伸芽会らしいと思っています。

私は集団遊びや運動などの授業中に間違ったことをしている子には、その場から外れてほかの子がやっていることを見てもらうことがよくあります。

見ていてどう思ったか聞くと、「あそこのグループでおもちゃの取り合いをしていた。ジャンケンをすればいいのに」、あるいは「僕だったら譲ってあげる」などと答えます。

引いた立場で客観的に見ることで、自分の何がいけなかったのか、どうしたらいいかに気づくことができます。

たまには「やめー！」と大きな声を出すこともあります。そのままでは誰かがけがをするなど、危険なときです。でも直接説明はしません。

「○○君、立ちなさい。今、先生はどんな顔になってる？　どうしてだと思う？」

本人が思い当たることを答えれば、「気づいてるじゃない。だったらどうすればいいかわかるね」で済みます。

時には失敗もあります。

ある日、伸芽会のほかの教室に通っている子が私の慶應クラスに入ってきました。初めてで緊張している子には、最初にお話ししたように冗談を言ったり、手品をしたりして気持ちを和ませます。

「皆さん、きれいなお花を見たいと思いませんか。ここにティッシュペーパーが1

枚あります。これから世界一きれいなお花を出します」と言って、ティッシュペーパーをもみながら穴を開け、そこから自分の鼻を出しました。

「えー！　違うじゃない。ハナはハナでも、それは先生の鼻じゃない」

子どもたちが突っ込みます。

「間違えちゃいましたね。では本物の魔法を見せましょう」

今度はまじめに手品をしました。

「冗談だと思っていたら、本当に魔法が使えた。この先生、面白い、不思議」

そう思うと、子どもたちは一生懸命こちらの話を聞こうとします。

でも、たまに「なあんだ、怖くないいんだ。何をやってもいいんだ」と思ってしまう子もいます。

この新入りの子もそうだったようです。

質問をすると「○○じゃねえよ」「○○じゃん」などと乱暴な答え方をします。

このようなときは、厳しい表情できっぱりとしかります。

「先生や大人に対してそんな言葉遣いをしていいんですか。先生が君のことを『おまえ』って呼んだらどう思いますか。これからは、そういう口のきき方をしてはいけません」

以降、乱暴な言い方はしなくなりましたが、ちょっと薬が効きすぎてしまったようで、今度はおとなしすぎるくらいになってしまいました。

元々通っていた教室に聞くと、そちらではおとなしいようなのです。

せっかくいつもとは違う面を出してくれたのに。

「しまった」と思いました。

ただ「振り幅」が広いことはわかったので、次からは活発な面を引き出す指導を心掛けていきました。

合宿で大きく成長

春と夏は伸芽会名物の合宿があります。

特に夏の合宿は創業間もないころから続いている伝統行事です。年長児が山梨や長野などの高原で2泊3日を過ごします。

この3日間で子どもたちは目覚ましく成長します。

プログラムはうどん打ち体験、大運動会、登山、山で収集した葉っぱや小枝などを使った制作、グループごとに歌や踊りの発表会をするなど盛りだくさん。

ほとんどの子は親から離れて宿泊するのは初めてです。

出発するとき「お母さん、お母さん」と泣く子もいますが、一番ホームシックになりやすいのは1日目の夕方です。夕食のテーブルにつきながら、こっちで「シクシク」、あっちで「シクシク」と始まります。教師が寄り添ってなだめますが、中には寝る時間まで収まらない子もいます。

2日目はメインイベントの登山です。

初日の夜に泣いていた子もすっかり元気になり、張り切って山に登ります。5歳児には少しきつめのコースですが、自分たちの力で登り切れたときの感動もひとしおです。

夜は疲れてみんなあっという間に寝てしまいます。

合宿の最大の目的は、子どもの自立を促すことです。

合宿中は班長を決め、班行動をします。班長は先導役です。合宿の間に全員必ず班長を務めます。

「お食事に行きますから、廊下に並んでください」

みんなが並んだら、全員いるか、忘れ物はないかどうかチェックをします。

もちろん班長が全部面倒を見るのではなく、一人ひとり自分のことは自分でしなければなりません。

「お外で遊びましょう。帰ってきたらお風呂に入りますよ」

先生に言われたら、必要なものを自分で用意します。

「帽子と水筒と、あ、ハンカチとティッシュペーパーも持たなきゃ。帰ってきてすぐお風呂に行くなら、タオルと着替えも出しておこうかな」

生活は連続しているものなので、子どもに自分で考えて身の回りのことができるようにさせたければ、予定をぶつ切りではなく流れで示す必要があります。そしてお手本になるような子がいたら、認めてほめます。するとそれがいいきっかけになり、ほかの子に波及します。

3日目の朝、1日目に泣いていた子の顔は自信に満ちています。

「1日目は泣いていたのに、昨日は全然泣かなかったね。強くなったなあ」

「うん、もうお母さんがいなくても大丈夫だよ」

合宿から帰ってきた子どもたちが東京に着きました。日焼けした子どもたちの顔を見て、お迎えの保護者の方たちが涙ぐんでいます。きっとべそをかきながら抱きついてくるに違いない、という親たちの予想に反し、子どもたちは整然と並んであいさつを始めました。

「お父さん、お母さん、寂しくて泣きませんでしたか。僕たち、わたしたちはこんなにお兄さん、お姉さんになって帰ってまいりました。ただいま！」

続いて合宿の歌『小鳥とともに目ざめ』を歌います。

「2泊3日でこんなに変わるの？」

「引っ込み思案だったあの子が大きな声で歌ってる」

保護者の方たちから驚きの声が上がります。

「みんなでごはんを作って食べたんだよ」

「僕、自分で頭を洗えたよ」

「高いお山に登ったの」

子どもたちは合宿で体験したことを、誇らしげに話しながら帰っていきます。このときせっかく子どもが自立の一歩を踏み出しているのに、親が荷物を持ってあげるなど、世話を焼きすぎる様子を見ると残念な気持ちになります。

子どもは家でも合宿で体験したことを1人でやりたがるようになります。それを後始末が大変だからなどといってやめさせたりせず、気持ちよくやらせてあげて体験が実生活につながるようにしてあげてほしいですね。

振り幅の広い子を育てる

「うちの子にはどんな学校が向いていますか」
「どの学校を併願すればいいですか」
「国立と私立ではどちらがいいと思いますか」

受験シーズンが近づくと、保護者が次々と相談に来られます。小学校受験において、学校選びはいつの時代も親の悩みの種です。

どの学校がいいと思うか。

国立、私立小学校はそれぞれ特徴があり、入試問題には学校が求める子ども像、家庭像が表れます。入試には学校ごとにある程度の方向性や幅があり、それを向き不向きととらえて選ぶことができます。

「この学校の入試問題はこちらの方向性で、このぐらいの幅です。お子さんの方向性と幅に合います」

これが最も合格に近い方法でしょう。

でも一番大事なのは、どのような子どもに育てたいかという思いや、子どもが充実した人生を送れるような素地を、できるだけ小さいうちに与えることです。

私は受験のお手伝いを通して、大きな振り子のような振り幅のある子を育てたいと考えています。具体的には姿勢を正して静かにお話を聞く、順番を待つなど、言われたことにまじめに従わなければならないときはそうすることができるし、「自分の好きなようにやってごらんなさい」と言われたら、「わーっ」と盛り上がり、子どもらしい伸びやかな発想でお友達と一緒に楽しく活動ができるような子です。

たとえば親や先生の言うことをよく聞いて、何事にも一生懸命まじめに取り組む子がいます。ご家庭の教育方針は「誠実に、確実に」です。立派な方針ですがきちんと育てたいという思いにとらわれすぎると、子どもの発想力や冒険心がなかなかふくらみません。

慶應クラスの授業は、もっと自由に表現を楽しむ、自由な発想で物事を考えてそれを表現するといったことが中心です。

まじめすぎて冒険しない子には、定まった答えがない課題にたくさんふれ、自分とは違うタイプの子たちとグループ活動をする環境が刺激になります。

定まった答えがあると考えるのではなく、自分が考えたことすべてが答えになると認識できるようになると、振り幅をもっと大きくしてあげられます。

一方、「子どもは元気が一番！」というようにおおらかに育てられた子は、のびのびとしていて誰とでも物おじせず接することができますが、自分本位になってしまいがちです。作品を作らせると発想が豊かですが、完成度は低めです。

そのような子は元気さや発想力などをほめながら、ほかの人とのかかわり方や丁寧な作業の大切さなどに目が向くよう指導します。

まじめな子、元気な子という両極端な育ち方をしているケースはよくあります。おそらくどこの学校も、どちらかに偏っている子ではなく両方をバランスよく備えている子が理想でしょう。

つまり振り幅が大きければ、それだけ学校の選択肢も増えます。ご家庭でも子どもの方向性や幅を決めつけず、広げることを考えてもらいたいと思います。

運動の授業も考える場

幼稚舎では、福澤諭吉の教育論「まず獣身を成して後に人心を養う」(『福翁自伝』〈講談社学術文庫〉より引用)に基づき、強健な身体の育成を重視しているようです。

そのためか6年間の中で、縄跳びの記録会、球技大会、海浜学校、高原学校などアクティブな教育プログラムがたくさん用意されています。

入試の割合も運動テストが3分の1を占めています。

だから子どもを体操教室に通わせるという人がいますが、慶應の入試はただ技術を習得させるだけでは通用しないと思います。それに技術やスピードを優先して子どもに強いると、うまくできない子は教室が嫌いになってしまいます。

幼稚舎の運動テストでは、さまざまな動きを組み合わせた競争形式の課題が出されます。同じ年でも、課題は日程やグループなどによって異なります。ボール投げも的に当てる、箱に入れる、できるだけ遠くに投げるなどいくつかのパターンがあります。

ちょっと想像してみてください。

スタートラインから走ってトランポリンで3回ジャンプ。

マットに飛び降りてアザラシ歩き（床に手をつき、足を伸ばして腕の力だけで進む）。

平均台を渡り、走ってゴールし、好きなポーズをする。

競争なのでスピードも要求されます。異なる動きを素早く次々とこなさなければなりません。そのための力をつけるには、運動能力だけでなく、ものをよく見ることやなぜうまくいかないのか考えることが大事です。

慶應クラスでは運動の授業も考える場としています。動き方のノウハウを一つひとつすべて教えていくのではなく、条件が変わっても自分で考えて対応できるようにすることにこだわっています。

一つひとつの動き方を細かく教えるか、まずは場を与えて子どもに考えさせながらやらせるかという手法の違いで、試験の場での動きだけでなく、将来子どもの身につく力もかなり変わってくるのではないかと思います。

たとえばこんな授業です。

ボールをカゴに投げ入れる課題を出しました。

2人にやってもらったところ、1人はうまく入りましたがもう1人は入りません。

「この子はよく入るよね。2人は何か違うのかな。もう一度投げてもらうから、みんな見ていてごらん」

ボールが入らない子は入っている子の投げ方を見て、どうすればいいか気づきます。ボール投げ一つを考える機会にするだけでも、ほかのうまくいかないときにどうすればいいか考えられるようになります。

幼児は、自分の番ではないときはおしゃべりしたりふざけたりしていることが多いのですが、上手な子から学べることを知ると、待っている間もほかの子の様子をよく見るようになります。そして失敗が減っていきます。

学校も子どもが自分の判断でやっているかどうか見ていると思います。教えられた子どもほど、失敗したときやうまくいかないときの対応も指示されないとできないということがよくあります。

試験の最中、平均台を渡っていて落ちてしまったら。

一つひとつ教えられた子は教えられた通りにやらないとしかられると思い、先生の顔を見て指示を待っているなどということになりかねません。

慶應は失敗した場合も含めて、全部自分で判断しなければならない学校だと思います。

親が変われば子どもも変わる

小学校受験は「親の受験」といわれます。情報収集、志望校決定、受験対策、スケジュール管理などはすべて親の役割。入試で親の面接がある学校も多く、学校側も家庭の教育方針を重視するという意味では、たしかに「親の受験」と言っても過言ではありません。

そのためか、親が一生懸命になりすぎて子どものよさをつぶしてしまい、失敗するケースが毎年見られます。

昨年合格したJさんのお母さんも、力が入りすぎて子どもの可能性をつぶしてしまうタイプでしたが、途中で意識を転換できたことで合格を得られました。

Jさんは、慶應クラスの親子体験イベントにお母さんと参加したことがきっかけで入会しました。体験時の母子の様子は和やかで、とてもいい関係に思えました。教室に通い始めたJさんも素直に周りの子とかかわってリーダーシップをとることができ、真っすぐないい育ち方をしてきたことがうかがえます。

多少の課題はありましたが、元々持っているよい面を伸ばしながら指導を進めていくという方向で考えていました。

ところが毎月の面談でお母さんに教室での様子をお話しし、素晴らしいお子さんですとお伝えすると、「そうでしょうか?」と懐疑的です。子どもの光る面に目を向けず、問題点ばかりを探して「これじゃいけない」「もっとこうしなければいけない」などと非難ばかりしてしまい、子どもの自由な発想や遊び心を減退させてしまうのです。Jさんもお母さんのプレッシャーの影響で、意欲に波がありました。

私はJさんがとっていたほかのクラスの教師とも連携し、機会があるたびにお母さんに素晴らしいお子さんであること、認めてあげてほしい旨を伝え続けました。そしてようやく受験が間近になったころ、お母さんの方から「認めてあげるのですね」と言ってくださるようになり、Jさんも本来の伸びやかさを取り戻しました。

保護者の方は私たちのアドバイス通りにしているつもりでも、できていないこともあります。

あるご家庭に「お子さんともっと遊んでください、かかわってください」とお願いしました。後日お話をうかがうと、「博物館に連れていきました」「キャンプに行きました」とおっしゃいます。でも、教室でのお子さんの言動や作品にはその影響は見られません。

つまり、お子さんの興味や関心を引き出し、伸ばせるようなかかわり方ができていないのです。

このように、受験に間に合うように保護者の方に気づいていただくのは、子どもの指導より難しかったりします。

保護者の方とお会いできるのは週1～2回の授業の日や面談のとき。限られた機会の中でゼロから信頼関係を築き、お話しするタイミングを見きわめなければなりません。

どのご家庭にもそれぞれの育児方針、教育方針があります。アドバイスの仕方によっては、それを否定することになってしまいます。

一生懸命になりすぎてしまう保護者の方に一番お願いしたいのは、肩の力を抜いて、お子さんの成長や変化を真正面から受け止めてあげてほしいということです。そうすればお子さんはどんどん変わります。

私たちはよく、「お子さんの0～1歳のころを思い出してください」とお話しします。ちょっと笑えばもっと笑わせようとしたり、言葉らしきことを発したら何を言いたいのかあれこれ考えてみたり。お子さんの日々の変化を、一喜一憂しながら真正面から受け止めていたと思います。

その気持ちをなぜ今同じように持てないのでしょう。

それは成長のプロセスとかけ離れた理想形を設定して、子どもを仕立て上げようとしているからです。元々無理があるので、子どもが意欲を失ったり家庭内にひずみが生じたりして、受験をやめてしまうご家庭もあります。

目を向けるべきは理想形ではなく、お子さんの成長プロセスです。

目の前にある子どもの力を1つずつ上げていくには何をすべきか。

保護者の方々には、そう考えられるようになっていただきたいと願っています。

慶應クラスの秋

小学校入試のスケジュールは、年長の夏休みが終わるとそろそろ本番です。試験の日程は地域や学校により異なります。

首都圏の私立小学校では、神奈川、埼玉、千葉は9～10月、東京は10～11月に出願、試験が集中します。国立小学校は9月から出願を受け付ける学校もありますが、試験は11月後半から12月が中心です。

慶應の場合は、幼稚舎の入試が11月上旬、横浜初等部は11月上旬から下旬にかけて行われます（２０１８年度）。

夏休み明けの子どもたちは視野が広くなり、一緒に活動するお友達への配慮も自然にできるようになっています。自由に遊ぶ課題では積極的に遊びますが、自分本位ではありません。

「これ使ってもいい？　ほかに使いたい人いる？」

「わたしが最初にやってもいい？」

遊び始める前や遊んでいる最中にほかの子の意向を確かめるなど、一歩引いた見方ができます。


集団活動の課題でも、子どもたちの成長を感じる場面がありました。

「オリンピックの国別チームのようにチームに分かれ、自分たちのチーム名を決めて、選手を応援する旗を作りましょう」という課題を出したときのことです。

それぞれのグループが床に座って話し合います。

「名前はサメチームがいいな」

「わたしはイルカがいい」

「ライオンチームにしようよ」

イルカチームに決まり、１人１本ずつ旗を作り始めました。

「イルカってどうやって描けばいいんだろう」

「僕が描いたのをまねすればいいよ」

悩んでいる子に隣の子が答えました。

「それじゃイルカの向きが反対だよ」

向かいの子に教えている子もいます。

「旗ができたらボールつき大会をします。各チームから選手を出して、残りの人は旗を振って応援してください」

ボールつきの次はサッカーのシュート大会など、競技を進めていきます。

チームの選手を選ぶとき自分からなりたがる子もいますが、「この子はまだ1回も出ていないから、次は出してあげようよ」と、お友達を気遣える子も増えていきます。

そういう子がいたら、必ず認めてほめることが子どもを伸ばすポイントです。

「いいことに気がついたね。そうやって全体を見ることができるといいね」

すると、それまで「僕が選手になる！」と言っていた子たちも、「ああ、そうだった！」と思い出したような表情になりました。

慶應クラスがスタートしたころは、自分のことしか考えていなかった子どもたちが、困っている子を助け、お友達に活躍の機会を与えられるようになりました。これは、教え込まれたのではなく、集団活動の体験を重ねて、人との結びつきが見えるようになってきたからこそ身についた力だと思います。

みんなで活動するときに大事なことは何か。

「自分で勝手にやってはいけません。お友達と相談しましょう」

と教えるのは簡単です。でも実際の試験では、相談タイムがなく説明の後いきなりゲームが始まることもあります。

自分の中に「大事なこと」を見きわめるベースがしっかり育っていれば、初対面の子たちと活動しなければならない試験でも、体験したことのないパターンでも、その場にふさわしい行動ができるようになります。

いよいよ受験直前

10月になりました。

教室の各クラスでは直前特訓が行われています。

シミュレーションを兼ねて、親子とも試験当日の服装で来るご家庭も多く、ロビーに緊張感が漂っています。

この時期の保護者への対応は、お子さんの状態や保護者の心境などによって異なります。

準備は十分と思われますが何もやらないのは不安という方には、お家でお子さんに好きなものを描かせたり作らせたりするようお話しすることがあります。

人とのかかわり方が心配な子は、視野を広げるために教室の集団遊びのクラスだけに来てもらったりします。

個別指導で集中的に弱点を強化したいというご要望もあります。不安で何度も面談に来られる方、（併願校の）入試の面接で何を話せば学校に気に入ってもらえるのか、などと間違った方向に行きそうになる方もいらっしゃいます。

その一つひとつに、「少し力を抜きましょう」「最後の詰めとしてこれをしましょう」などと対応し、調整を図っていきます。

慶應クラスもいよいよ試験の前日です。最後の授業では、子どもたちが自信を持って試験に臨めるよう、それまで以上にポジティブなメッセージを意識します。

「みんな、最初のころは自分のやりたいことしか考えていなかったよね。積み木をひとり占めしたり、使っているものをお友達に貸してと言われても渡さなかったりしました。でも今は仲よく上手に遊べるようになりました。もう大丈夫ですね」

力はついているはずですが、当日緊張して発揮できないのは困ります。

「明日学校に行く人いる？」と尋ねると、「はい、僕です」「わたしも行きます！」などと明るい声。平常心で受けられそうです。

授業の最後に一人ひとりに言葉をかけました。

「Sさんはパンダが大好きで、絵も得意だよね。そういう問題が出るといいね」

「K君は、電車のことならだれにも負けないよね」

授業のときと同じように、得意なこと、好きなことをのびのびと表現できますように、という願いを込めます。

授業が終わりロビーであいさつをしていると、1人の子が「パワーをください」とやって来ました。

「先生のパワーをあげるよー！」

手を握ると、「僕も！」「わたしも！」とたちまち行列ができました。

「ギューがいい」とハグする子、「一緒に写真を撮ってお守りにしたい」という子もいます。

握手でもハグでも写真でも、みんなの力になるなら、たやすいことです。

みんなを見送りながら、心の中でつぶやきます。

「ワクワク感を持って楽しんでおいで。行ってらっしゃい！」

子どもを伸ばす「魔法の言葉」3

運動を好きになる言葉

運動を好きになってほしいときは、のびのびと取り組める環境づくりが大切です。授業で子どもが不安がっているときは「ゆっくりでいいから落ち着いて」と声をかけ、慣れるにしたがって運動のよさ、楽しさを伝えていきます。

頑張っている君の顔、
先生は大好きだ

やればやるほど、
上手になる
気がするでしょう？

練習は人の体と心を
丈夫にするよ

いいよ、いいよ。
その調子

君にはみんなの
お手本になって
もらおう

自己肯定感を育てる言葉

入試の場で自分の思いを素直に表現できるようになるには、自己肯定感が不可欠です。教室では、私は子どもたちの味方であること、子どもたちが自分の存在、言動を認めてもらえていると思えるような声掛けに努めています。

いいですねえ。
先生も大賛成です

あなたは人の心の中が見える
魔法の目を持っていますね

○○君は
△△の名人（達人）だね

この作品は素晴らしい！
さて、どんなところが
素晴らしいのかな
（お友達の感想や意見によって
認められていることを実感させる）

このグループには
この子がいてくれて
よかったと思う人は
いますか
（他薦によりリーダーとしての
自覚を育てる）

第4章

合格実例集

入試の様子と合格のポイント

GUIDEBOOK FOR PASSING KEIO

合格しているのはこんなご家庭

幼稚舎や横浜初等部の入試倍率は10倍前後です。

受験した子の10人に1人程度しか合格できません。

では、仲芽会で合格しているのはどのようなご家庭で育った子でしょうか。

共通点は、子どもを認め興味の幅を広げてあげているということ。

そして興味の対象は親が与えたものではなく、子どもが見つけたものという点がポイントです。

「子どもを伸ばすには、興味・関心を広げることが大切」といわれますが、子ども自身が興味を持っていることではなく、親が意図したことを子どもにやらせようとする人がたくさんいます。そのようなケースでは親だけ一生懸命で子どもは興味を持てず、発展性がないまま終わってしまうことが多いようです。

一例を見てみましょう。

小学校受験を考えている保護者のAさんは、志望校の入試では植物や季節の問題がよく出ていることを知りました。花と種を線で結ぶ、または花を咲く季節の順に並べるといった問題です。

Aさんは、子どもに花を育てさせればいろいろな植物に興味を持つようになり、周りに咲いている季節の花も自然と覚えるのではないかと考えました。

さっそくプランターと土、種を買ってきて子どもに栽培させましたが、子どもは興味を持ちません。言われて仕方なく水をやる程度なので知識は身につかず、関心も広がりませんでした。

合格する子の親は興味の対象を与えるのではなく、子どもが何かに興味を持ったらそれを深め、広げられるようサポートします。

ある子は魚に興味を持ちました。

するとご両親は次の週末に水族館に連れていきました。

子どもはさまざまな魚を見てますます好きになり、図鑑を買ってもらって毎日眺めています。休日は家族で水族館を巡るようになりました。そのうち自分で魚を捕まえてみたくなり、夏休みはお父さんに釣りに連れていってもらいました。

ここで皆さんは、どうしてそれで合格できるのかと思われるのではないでしょうか。魚のことばかり入試に出るわけでもないのに。

興味を探求することで得られる学びのスタンスは、ほかのことにもつながります。学校の学習でも同じように楽しんだり調べたりしながら、いろいろな角度からかかわれるようになります。

子どもが何かに興味を持ったとき、親として一番大事にしなければいけないことは、しっかり寄り添って一緒に楽しむことです。

子どもは興味を持ったことを親も一緒に楽しんでくれると自分が認められたと感じ、もっと追求したいという意欲が高まります。

慶應の2校の入試に面接はありませんが、子どもは試験の制作中に作っているものについてテスター（試験官）の先生方に質問されます。学校は作品や受け答えを通し、子どもの学習姿勢や家庭の子育て方針、教育方針を知ることができます。

この章では、子どもの興味・関心を伸ばしたことが合格に結びついたご家庭など、幼稚舎と横浜初等部の合格実例をご紹介します。

合格実例——幼稚舎

絵画・制作

昆虫と恐竜で合格——Y君（2016年度入学）

【入試の課題】

お面を作りましょう

お祭りでお財布を落として困っている子のために、お面屋さんが一緒に探してくれる劇をテスターが演じる。劇を見た後「見つからなくて困ったときの顔」または「見つかってうれしかったときの顔」のお面を、紙皿、折り紙、モール、ひもなどを使って作る。お面ができあがったら、「困っている人を助けたときの絵」または「人を喜ばせたときの絵」を画用紙にクレヨンで描く。

【作品】

虫捕り中に虫カゴを失くしてしまったが、お友達が見つけてくれたという設定にした。見つかってうれしかったときのお面を作り、カゴの受け渡しをしている絵を描いた。カゴの中にはカマキリを描いた。

【テスターとの対話】

――かなり虫が好きそうだね。どんな虫が好きなの？

「ハンミョウです。幼虫は穴の中にすんでいて獲物の虫が通ると強いあごでくわえて穴に引きずりこんで食べます。成虫もあごが強いけど、体もいろいろな色が混ざっていてすごくきれいです」

――君は何か飼っていそうだね。

「ザリガニを飼っています。この前、卵を産んでいっぱい増えました」

――いいですね。先生もほしいな。

うれしかったときのお面

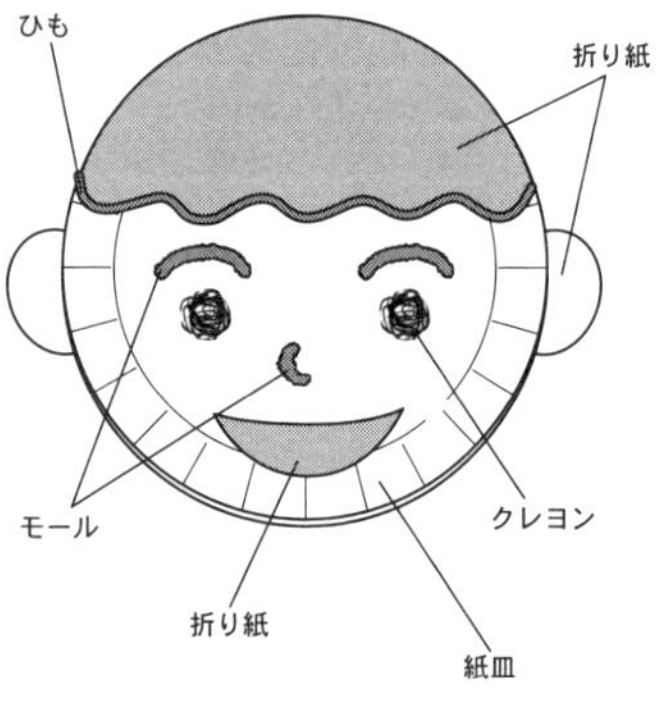

「いいですよ。近かったらお分けします。どこに住んでいるのですか？」

——それはお母さんに聞いてね。ほかに好きなものはある？

「恐竜です。ティラノサウルスとイクチオベナトルが好きです」

——イクチオベナトルってどんな恐竜？

「大きさは９ｍぐらいで、スピノサウルスに似ているけどもっと強いです」

【合格のポイント】

通常、テスターとの対話でこれほど質問されることはあまりありません。それだけテスターがＹ君に興味を持ち、楽しみながら聞いていることがうかがえます。

Ｙ君は虫と恐竜が好きで、教室の授業でも何度か虫や恐竜の絵を描き、作品も作っていました。ご両親も思いを押しつけず、夏休みは福井の恐竜博物館に行くなど、本人の興味・関心を伸ばせるようサポートされていました。

Ｙ君は夏休みの体験がよほど印象に残っていたのでしょう。対話実例には入れていませんが、入試のときもテスターに、恐竜博物館で化石掘りをして巻き貝とシダの化石を見つけたことを話したそうです。

【教室での様子】

Y君は授業では積極的に発言するなど、とても意欲的でした。ただ直感的な言動が多く失敗することもあったため、考える姿勢が育つよう指導しました。

たとえば、色水遊びの授業での場面です。

「赤、青、黄色の色水があります。このうち2色ずつ混ぜて新しい色を作るにはコップがいくついりますか」という問題を出したときのこと。

Y君は「2つ！」と即答しました。

3色を1列に並べて考え、「赤と青」「青と黄色」の2パターンを直感的に思い描いたようです。赤と黄色の組み合わせには思い至っていません。

そこで、色水のコップを子どもに例えてイメージさせることにしました。

「赤さん、青さん、黄色さんが1列に並んでいます。赤さんと青さん、青さんと黄色さんはお話ししやすいけれど、赤さんと黄色さんはお話ししづらいよね。みんなで仲よくするにはどうすればいい？」

すると「三角に並んだ方がいい」と言うY君。

そして同じ論理で色水のコップは3つ必要だと気づきます。そういう失敗を一つずつ体験しながら、物事を論理的に考えることを覚えていきました。

一方、教師には言いたいことが言えますが、グループ活動では消極的になってしまうという面もありました。

そのためグループで相談し何かを決めるとき、Y君が少しでも場をリードするような発言をした際は、「Y君すごいね、リーダーみたいだね」などと声をかけました。そのようなことを何度か体験するうちに、自分の生かし方を理解したのでしょう。年長の夏休み以降には、自らリーダーとしての役割を果たすようになりました。

【保護者から】

息子は新しい場所や人になかなかなじめないという問題がありました。しかし、伸芽会の授業で集団活動を重ねるうちに苦手意識がなくなり、より楽しんでいく様子がうかがえました。また黒田先生の授業では、受験のテクニックを教わるのではなく、対話一つひとつが息子の刺激になり、日常生活の気づきのヒントになっていると感じました。それはまさに私たちが求めていたことでした。敏感で成長が著しいこの時期に、心に訴えるような授業をしていただけてありがたかったです。

家庭では受験準備を「対策」ととらえずプロセスを楽しみ、一日一日を大事に過ごしました。不安や焦りを感じるときもありましたが、受験を親子の共有体験と考え、家族で四季折々の自然体験、文化的体験、日常生活や会話を丁寧に楽しむようにしていました。

黒田先生はいつも冷静で、「その子なりの伸びる時期が必ずあります。信じて見守りましょう」と何度も言ってくださり心強かったです。結果的に息子は誰にも負けない「自分の幹」をつくり出せました。

合格の決め手はテスターの先生と楽しく、自分が好きなことについて会話ができたことだと思います。また入試当日、広尾駅で偶然幼稚舎生に会い、「楽しいテストだよ」と話しかけられたことで、リラックスして試験に臨めたようです。

入学後は、自分と興味が似ているお友達がたくさんできて楽しいと話しています。街でも幼稚舎生を見かけると自ら話しかけにいき、すぐお友達になってしまうほどです。この積極性は伸芽会を通して得られたことではないかと思っています。

絵画・制作

「スイカサマー」で合格——Kさん（2014年度入学）

【入試の課題】

好きなお店で売るものを作りましょう

「みんなは、好きなお店屋さんはありますか」などの質問に挙手をして答えた後、エプロンをつけ、カラー粘土でお店に売っているものを作る。完成させた後、B4判の白画用紙に12色のクレヨンでお店の様子を描き、机の上の木製スタンドに立てる。

【作品】

粘土でアイスクリームを作り、アイスクリーム店の絵を描いた。

【テスターとの対話】

――あなたは何になりたいですか？

「アイスクリーム屋さんです」

――そのお店のおすすめは何ですか？

「『スイカサマー』です」

――それはどんなアイスクリームですか？

「ピンクと黄緑色で、スイカの種の代わりにチョコが入っています」

――そのアイスクリームのどんなところが好きですか？

「食べると、いつでもわたしの好きな夏の気分が味わえるところです」

――おいしそうですね。先生も食べてみたいな。

「10月に行ったときはあったけど、もう11月だからないかもしれません」

――それは残念。でも行ってみようかな。

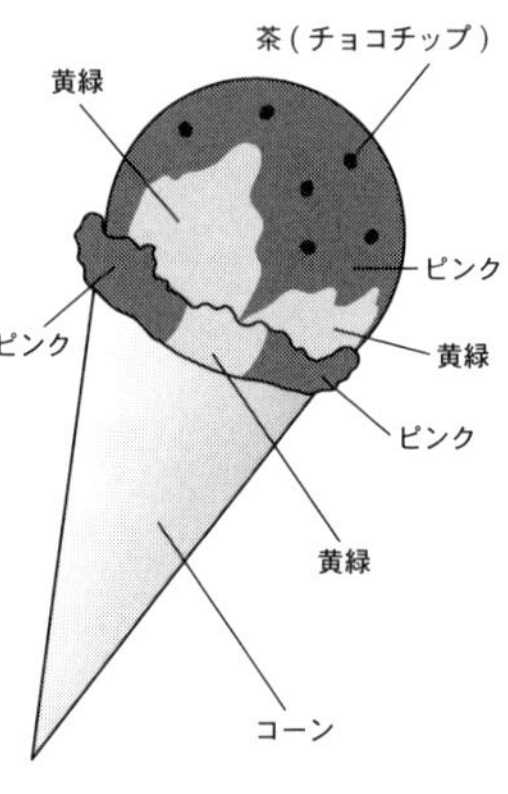

【合格のポイント】

「スイカサマー」はあるアイスクリーム店に実在するメニューです。Kさんは好きでよく食べていたのでしょう。商品の具体的な情報を的確に伝えています。

また、テスターとのやりとりが自然で、展開していくお話に見事についていっています。

Kさんが「夏の気分が味わえるところ」と答えたときには、先生方が顔を見合わせて笑ったそうです。素直で楽しい展開に、先生方が思わず引き込まれているように感じます。


【教室での様子】


Kさんは、感じたことをそのまま表情や言葉にできるおおらかなお子さんでした。

そのよさを大切にしながら、試験になじめるようたくさん体験を積んでもらい、以下のように場にふさわしい表現方法を指導していきました。

相手に自分の考えを伝えたいとき、子どもは単語一言だけで終わってしまうことがあります。

お友達と積み木でお城を作っていたとします。

お友達の積み方は自分が思っていたやり方と違っています。

でも「違う」とか「ダメ」と言うだけでは、相手は何がいけないのかわかりません。嫌な気分になるだけです。

そういうときは、「このやり方の方が高くできるよ」「ここが壊れそうだから一緒に直そうね」など、相手がわかりやすいように文章で話すことが大切だということを伝えていきます。

入試では先生方が改まった話し方をすることが多いので、ふさわしい答え方ができるよう、教室でも丁寧な口調を心掛けています。

また、幼稚舎と横浜初等部の入試では、グループで課題を行う行動観察があります。初めての場所で初対面のお友達と話し合い、協力し合って課題に取り組まなければなりません。

しかしだからといって、教室でいきなり6〜7人のグループで活動させようとしても意見が出なかったり、逆にみんなが好きなように発言して収拾がつかなかったりします。そのため教室では少人数の話し合いから始めます。

Kさんのときもまずは2〜3人で話し合うことに慣れさせ、次は3〜4人というように徐々に人数を増やし、コミュニケーション力を育てていきました。

【保護者から】

小学校受験にあたり、絵画・制作と集団での活動に不安があったため、以前黒田先生にお世話になった知人の勧めで伸芽会に入会しました。

大手ならではの豊富な情報量も大きな魅力でした。

娘は集団の中にいると緊張感に耐えられず、席を立ってしまうことがしばしばありましたが、伸芽会に通ううちに落ち着いていきました。単にルールやマナーの順守を強いるのではなく、娘のよさである天真爛漫な子どもらしさが失われないように配慮もしていただきました。おかげで明るくユーモアがあり、しっかりとルールが守れる子どもに成長したと感じています。

家庭では、家族一緒に季節の行事や日常のイベントで思い出を共有できるようにしていました。特に夫婦ともスポーツが好きなので、ほとんどの週末はスポーツを楽しみました。自宅学習のスタンスは、「一しかったら三ほめる、ほめるときは大いにほめる。そして常に会話のキャッチボールをする」という3点です。

考査当日は体操服に着替えて会場に向かう娘に「よく聞く、よく話す、そして楽しんできてね」と声をかけました。幸い先生のお話をよく聞くことができ、運動テストではボール投げの回数を間違えずにできたそうです。

絵画・制作では、普段から初対面の人にも気後れせず話せるよう練習していたことや本人の社交的な性格もあり、先生のご質問にも大喜びで一生懸命説明したようです。何人もの先生に同じ質問をされても、元々話好きということもあり、最後まで楽しく時間を過ごせたことがよかったのではないかと思っています。

そして大きな目で見ると、伸芽会の授業や模試などで、どのような課題が出ても対応できる引き出しの数を増やせたことが、本番で「何が出ても大丈夫」と思える本人の自信につながったと考えています。

幼稚舎では、さまざまな授業でオリジナリティを求められる場面がよくあります。中でも作品展では毎年傑作がたくさん並びますが、娘が自分の特性を生かした作品を形にできるのは、伸芽会で創造力を培ったからだと感じます。また、学年ごとにクラス対抗のスポーツ大会が行われますが、そこで発揮されるチームワークや協調性、クラスで意見を出し合って勝利に向かって頑張ることにも、伸芽会での経験が生きています。娘はどのような場面でも自分が輝ける立ち位置を見つけて、毎日生き生きと通学しています。

直前に不安になったけれど合格——H君（2011年度入学）

【エピソード】

入試の前日に体調を崩した。下痢やおう吐が見られ病院に行くが、特に異常はない。医師に緊張が原因と言われ、お母さんが教室に電話をしてこられた。

H君に、「試験の日は先生が君の服のポケットに入って応援しているから大丈夫だよ。ときどき中をのぞいて入っているのを確認しなさい」と話した。H君は安心したのか体調が戻り、受けた学校すべてに合格した。

【教室での様子】

H君のお母さんはとてもまじめな方でした。受験が終わるまではテレビも見せないことにして、片づけてしまったそうです。

H君も伸芽会に入会した当時は、まじめで堅いお子さんでした。

「この堅さを崩さなければ、入試でよさを発揮できない」と感じた私は、授業のときに特に意識して冗談を言ったり、スキンシップを図ったりしました。その甲斐あってかH君の気持ちも次第にほぐれ、「このクラス、楽しいから」と、進んで前の席に座ってくれるようになりました。

秋ごろは、自分から冗談を言うなどだいぶなじんでいたので安心していましたが、入試直前になると親の緊張が伝わって体調に影響が出たようです。

私がポケットに入っているという、とっぴな話に乗ってくれたのは、元々素直な子だったことと、それまで培ってきた信頼関係があったからでしょう。

試験当日、ときどきポケットをのぞいて「いるいる！」と言っていたそうです。

合格発表後H君からお礼状が届き、かわいいメッセージに思わず笑みがこぼれました。

くろだせんせいへ
おべんきょうをたくさん
おしえてくれてありがとう。
ぼくのむねのポケットの
なかにはいっている
ちいさなくろだせんせい
かえさなくていい？
がっこうへいってからも
ぼくはがんばるね。
より

合格実例――横浜初等部

制作・行動観察

大きな太鼓と提案力で合格――Aさん（2016年度入学）

【入試の課題】

楽器を作りましょう

大小のペットボトル、空き箱、空き缶、画用紙、折り紙、紙コップ、輪ゴム、モール、ストロー、割りばし、ひも、ペレットなどを使ってピアノの先生と音楽会をするための楽器を作る。作った楽器を使ってお友達と一緒に演奏の練習をして遊ぶ。最後にテスターのピアノの伴奏に合わせて『小さな世界』を合奏する。

【作品・行動】

首から下げる太鼓を作り、ペットボトルをバチにしてたたいた。お友達と一緒に練習する曲は、Aさんの提案で『かえるの合唱』にした。最後にみんなで演奏する直前に太鼓のひもが切れて落ちてしまったが、近くにいたテスターがひもにセロハンテープを貼って直してくれた。

【合格のポイント】

この制作では、笛など小さい楽器で音も鳴らせないものを作った子が多かったようです。その中で、きちんと音が出る大きな太鼓は目を引いたことでしょう。練習曲もみんなが知っている『かえるの合唱』にして正解でした。受験対策として教えられてきた、ほかの子があまり知らない曲をこのような場面で提案する子がいるなどして、意見が割れることもあります。それもなくすんなり決まったということは、組み合わせにも恵まれたといえます。

伸芽会の授業でも入試本番でも、困ったことがあったら、何に困っていてどうしてほしいか先生に話すよう指導していました。太鼓のひもが切れたときはそのことを思い出し、テスターの先生に直したいと伝えられたようです。

【教室での様子】

Aさんは、いつもニコニコしていて人懐っこいところがありました。

お話し好きで、授業の前後には教師とも気軽に会話を楽しみます。でも、授業中に当てると固まってしまい、なかなか言いたいことが言えません。

みんなの前で発言するのが苦手なのかと思いましたが、「発言したい」「リーダーになりたい」という意識は強かったようです。

「今日はリーダーとして、グループをまとめられたと思う人はいますか？」

グループ活動の授業の後、みんなに尋ねます。

すると、実際はそうではなかったとしてもAさんが手を挙げ、「わたしがまとめました」と言うことがよくありました。

最初はそういう「自称」リーダーでした。

私も「あなたじゃないでしょう」などとは言いません。

「そうでしたか」と認めて見守ります。

次のグループ活動のとき、Ａさんは話し合いでいい提案をしました。

「今日はいいことを言っていたね。リーダーらしくなってきたね」

私だけでなく、保護者の方にも伝えてほめてもらいます。

このような過程をくり返すうちに、周りも認めるリーダーになっていきました。

幼稚園の年長になった春ごろ、豆を入れた紙コップをマラカス代わりにしてグループで歌を歌う授業がありました。このころには率先してグループをまとめ、やはり『かえるの合唱』を歌っていました。

【保護者から】

伸芽会に入会したのは年少の春です。娘は自由奔放であまり周囲が見えていませんでした。伸芽会でその自由さや活発さを認めてもらい、よい方向に伸ばしてもらったと同時に、集団の中での人とのかかわり方や自分らしい表現方法を学べました。

早くから準備にとりかかったことで力を蓄えることができ、受験への心構えが整い、本番で十分に力を発揮できたことが合格に結びついたのだと思います。

家庭では子どもの成長に合わせて、毎日少しずつプリント、しつけ、行事の体験など対策を進めていきました。思うように進まず焦るときもありましたが、小学校受験は親が決めたことであり、本来はもっと自由に遊んでいるはずの子どもには責任がないことを思い返し、子どもにあまり負担をかけないよう心掛けました。

教え方や学校選択などについて夫婦でぶつかることもありましたが、どんなに口論したとしても必ず前に向かって進もうと決めていました。役割分担は、主に母親が家庭学習やしつけ、父親は外での行事や自然体験などを担当していました。

学校では、幼稚園からのお友達が少なく最初はとまどいもあったようですが、今はお友達もたくさんできて楽しんでいます。

伸芽会へもまるで母校のように時折うかがっています。過酷な受験生活の中で皆さんが温かくサポートしてくださり、確かな安心感と信頼感を与えてくださったからこそ、たわいない近況報告でも足を運びたくなるのだと思います。

制作／自由遊び

直前特訓＆ほかの子に合わせて合格

――Nさん（2014年度入学）

◎制作

【入試の課題】

洋服を作りましょう

テスターのお話を聴いてから、白画用紙、折り紙、紙コップ、ストローなどを使い、未来の洋服を作る。

【作品】

服の本体の部分を画用紙で作った。袖は紙コップを切ってチューリップ形にし、ポケットも紙コップで作り、本体に貼りつけた。

【テスターとの対話】

――その服を着ていると何ができるの？

「動物園で動物とお話ができます」

――どんな動物とどんなお話をするの？

「うーん……」

――頑張れ！

「パンダに会って、『どうしてササばかり食べるの？』と聞きます」

――よく頑張ったね。

【合格のポイント】

入試直前に自主的に立体制作の練習をしていたので、試験でも立体作品を作りたいという思いがあったようです。服の本体を立体にしたら変ではないか、などと考えて袖をチューリップ形にしたとのことでした。直前にたくさん作品を作ったことで自信を持つことができ、試験でも自分らしい作品が作れたのでしょう。

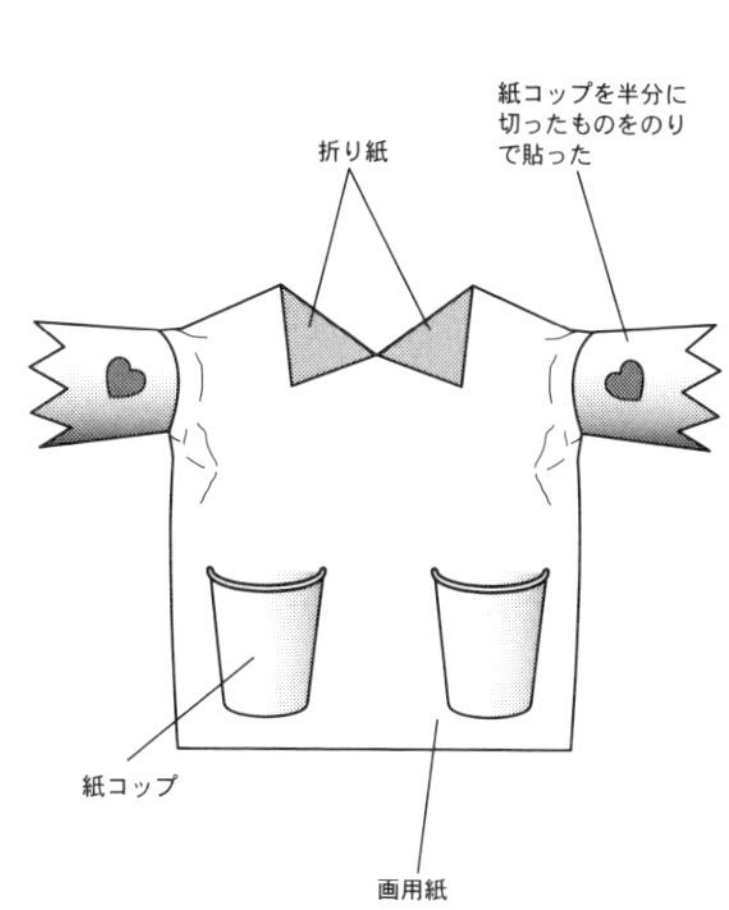

テスターが「頑張れ」と励ましてくださったのは、素直で一生懸命な性格を認め、応援せずにはいられなかったからだと思います。

その言葉で自分と向き合い直してみたら、ちゃんと答えが浮かんだのですね。

【教室での様子】

制作の授業で課題を出すと、男子は大抵思いのまま作り始めます。

女子は特性として失敗したくないという気持ちが強く、周りの様子をうかがいながら作ろうとします。その結果、みんな似たような作品になることがあります。

Nさんもその傾向があり、作品もおとなしめでした。そこで、実体験に基づく作品を作るよう勧めました。

「お家ではどんなお手伝いをしているかな。夏休みは何をした？　そういう様子を描いてごらん」

家でもお母さんと一緒に、制作課題のふり返りをしてもらいました。

授業で作ったものは、本当に描きたいもの、作りたいものだったのか。自分の本当の気持ちと向き合う作業です。

作品に納得がいかず、作り直して教室に持ってくることもありました。そのときは「自分にとっての一番は何かということを考えてきたんだね。えらかったね」とほめていました。

「自分にとって一番のものなら、上手か下手かなどは気にせずトライすればいい。うまくできなければ先生に聞けばいい」とも伝えました。それをくり返していくうちに、自分らしい答えにスムーズにたどり着けるようになっていきました。

◎自由遊び

【入試の課題】

自由に遊びましょう

体育館内におはじきコーナー、積み木コーナー、砂場コーナーがあり、集まった子どもたちで自由に遊んだ後、「やめ」の合図で片づける。

【行動】

おはじきのコーナーに行き、９人で遊んだ。

お店屋さんごっこをしようと提案したが、ほかの子に却下された。

普通におはじきをはじいて遊ぶことになったので、順番をジャンケンで決めることを提案したが、ほかの子の案でその子から時計回りでやることになった。自分は最後になると思ったが了承した。

ゲームが始まったが、順番がなかなか回ってこない。でも決めたことだから、途中でほかのところに行っていいとは思わなかった。

一通りおはじきで遊び、次に砂場に行って遊んだ。

【合格のポイント】

自分がやりたいと思ったことにいつまでもこだわらず、ほかの子に合わせたことが評価につながったと思われます。

集団行動では、時には自分を抑えて相手に合わせることも必要です。

最初は自分の意見が通らないとつまらないと思うかもしれませんが、相手が喜んでくれることを実感すると、ほかの子の意見も素直に受け入れられるようになります。そして遊び方や人とのかかわり方が上手になります。

【教室での様子】

Nさんはまじめで正義感が強く、ほかの子によく意見をしていました。グループ活動では勝手にやろうとしている子に「みんなと相談してからじゃないとダメ！」、トイレに行ったらみんなに「ちゃんと並んで！」という感じです。

たしかに言っていることは正しいのですが、口調が強いので周りの人にきつい印象を与えてしまいます。

そのため「もう少し柔らかい言い方をしようね」などと折にふれ指導しました。

入試直前、女子だけのグループで積み木を使って家を作るという課題を出したことがあります。Nさんはある子と作り方の手順を巡って言い争いになり、折り合いがつかず、結局そのグループは家を完成させられませんでした。

授業が終わりお母さんと一緒に帰ったNさん。ところが数十分後戻ってきました。「お友達とけんかになっちゃった。どうすればよかったのかな」と言います。

Nさんは授業で起こったこと、困ったことをお母さんにきちんと話し、お母さんもその気持ちを受け止めて一緒に考え、相談に来てくれたのです。

「あなたはどんな子になりたいですか?」と聞くと、「優しい子」とのこと。

「それならまずはお友達に譲ってその子のやり方でやってみたら? それでうまくいかなかったらあなたのやり方を試してみては」と話すと、「わかりました。試験のときはそうします」と言って帰っていきました。

まさにその通りのことが試験で起こった事例でした。

【保護者から】

伸芽会での娘の様子を見て、勉強している感覚がなく遊びながら学んでいることに驚きました。

黒田先生の子どもに対する接し方は、特別なことをしているようには見えませんが、子どもはほかの大人とは違う何かを感じ取っているようでした。

授業は受験勉強というより、純粋に子どもたちの興味・関心をかき立てる内容という印象で、授業参観で子どもたちが先生の話に引き込まれて身を乗り出している光景を何度も目にしました。

家庭では娘をほかの子と比べない、よいところをほめる、受験を意識させない、週末は家族で過ごすことなどを心掛けました。また、合否にかかわらず受験準備が人間としての成長につながるよう意識しました。

夫婦の役割分担は、母親がしつけや教育、父親がなだめ役です。

入試での制作の課題は、二次試験の前に自宅で立体作品を集中的に作り、伸芽会に持っていき先生に講評していただいたことで、余裕を持って取り組めたのだと思います。

自由遊びについては、以前は自分の意見が通らずつまらなければ途中でやめてしまう子でした。直前に先生にアドバイスされたこともあり、つまらないと思っても続けたのがよかったのではないでしょうか。

制作／自由遊び

凝ったお面＆思いやりで合格――U君（2014年度入学）

◎制作

【入試の課題】

鳥やお面を作りましょう

紙皿と教室の前後に置いてある紙コップ、白画用紙、折り紙、ストローなどを使い、鳥や怖いお面を作る。

【作品】

紙皿で作った土台に波打った形にした折り紙、円錐状にした画用紙などを貼り、怖いお面を作った。

【テスターとの対話】

――もし本当に、このお面のような怖いものが出てきたらどうしますか？

「お父さんとお母さんと一緒に捕まえて、お友達になります」

【合格のポイント】

U君は器用で特に紙の細工が得意でした。

折り紙を波のように切って、それを重ねて貼った立体的な作品にこだわっていた時期があり、この課題でもその波形を作ったことが想像できます。

プレッシャーを感じず、得意なことを生かせたこと、テスターとの対話で自然なやりとりができたことがよかったのでしょう。

テスターには、自分がどれだけ切り紙遊びが好きで得意かということも話したようです。

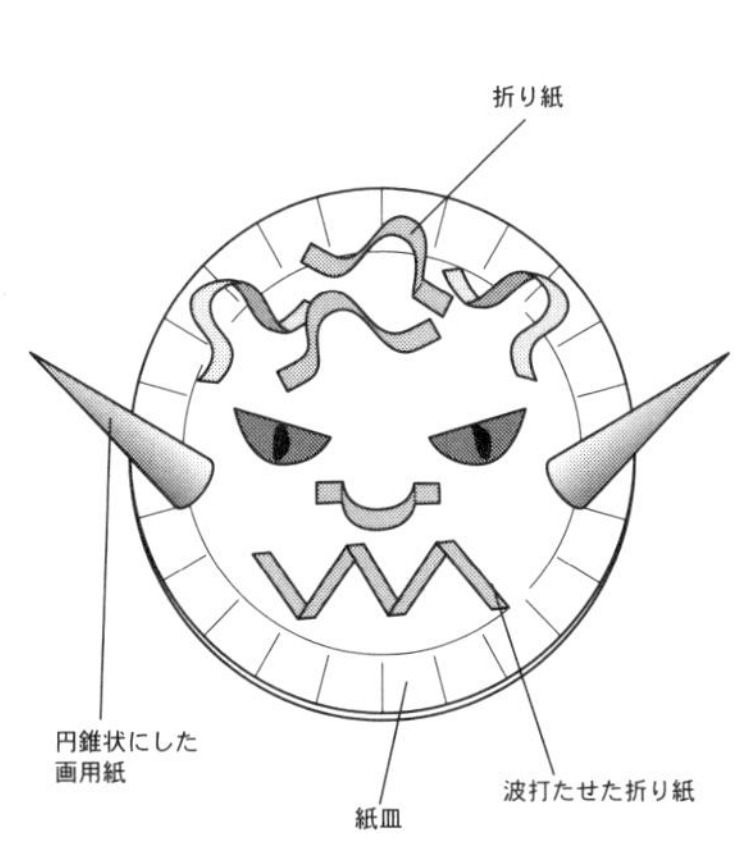

【教室での様子】

U君は一つのことにこだわると、それに没頭するお子さんでした。

制作の授業で、「お誕生日のクマさんにあげるプレゼントを入れるための紙袋を作りなさい」という課題を出したことがあります。

U君は折り紙で「Happy Birthday to You」と切り抜き、袋に貼りました。英語を習っていたのでスペルは知っていたようですが、1文字ずつ切り抜いていくのは技と根気が必要です。それを黙々と集中してやっていました。

◎自由遊び

【入試の課題】

自由に遊びましょう

体育館内におはじき、積み木、砂場の各コーナーがある。集まった子どもたちで自由に遊んだ後、「やめ」の合図で片づける。

【行動】

砂場で遊んでいた子たちに「入れて」と言って交じり、遊び方を提案して一緒に遊んだ。しばらくして周囲を見ると1人で遊んでいた子がいたので、その子のところに行ったら砂場にいた子たちも来てみんなで遊んだ。

【合格のポイント】

自由遊びでの自然な振る舞いは、緊張している子たちにとっては頼りになったと思います。授業では似たタイプの子とぶつかる場面もあったので、提案を受け入れてくれる子たちと一緒になれたのも幸いでした。

【教室での様子】

U君はリーダーシップに優れ、グループ活動では仕切りたがるタイプでした。そのためか、ほかにもリーダーになりたがっている子がいると、折り合いがつかなくなることがありました。

「それだとこうなるから、こうした方がいいんじゃないか」など、論理的に相手を説得しようとするU君。

相手の子は、ただ自分のやり方を通そうと主張し続けます。だんだん2人の声が荒くなり、けんかのようになってきました。

「ちょっとこっちに来なさい」

2人をグループから離しました。

「ほかのグループはどうしているかな」

ほかの子たちを見ているうちに、落ち着いて話し合うことが大事だと気づいたようです。2人とも自分の考えを整理し、伝えられるようになっていきました。


【保護者から】


息子は正義感が強く、自分の意見を主張しがちでしたが、伸芽会でグループ活動を重ねるうちに相手の意見も聞けるようになっていきました。

絵画・制作は入会前から興味・関心がありました。伸芽会の授業を通して創作意欲がより刺激され、発想や工夫の幅が広がったようです。

家庭では受験というプレッシャーを感じさせないよう、楽しく遊んで学ぶという環境でメリハリをつけるようにしていました。

とはいえ普段の積み重ねも大切なので、息子には、毎朝新聞をポストにとりにいき、朝食時に日付、曜日、天気、気温を報告するという役割を与えていました。

休日は息子の興味・関心に寄り添い、家族で美術館や博物館に行ったり、自然とふれ合ったりして過ごしました。

入試については、伸芽会で慶應クラス、模擬テスト、直前講習などを受講していたため、試験の感覚をしっかり身につけることができたと思います。

横浜初等部の二次試験の制作では自然な形でアイデアが生まれ、作品に関する質問に対してははっきりと自分の考えや思いを伝えられたとのことでした。

自由遊びでは、普段通り初対面のお友達への声掛けや遊びの提案などを積極的に行い、楽しくコミュニケーションがとれていたようです。

学校ではお友達とのびのびと過ごしています。

クラスでのグループ活動のとき、伸芽会の行動観察の授業で得た自分の考えをしっかり伝える力や周りへの配慮を認められ、リーダーを任されることがあります。

絵画・制作の授業で培った創造力は図工の時間に発揮しているようです。

自由遊び

チャレンジ精神で合格——Fさん（2013年度入学）

【入試の課題】

自由に遊びましょう

コマ、ブロック玩具、積み木、ダルマ落とし、ケン玉、おはじき、お手玉、折り紙、輪投げなどを使って自由に遊ぶ。

【行動】

まず得意なコマで遊んでいたら、自分より上手な子が来た。あまりにも上手なので「すごい！　わたしにも教えて」と言い、一緒に仲よく遊んだ。

次に伸芽会でやったことがあったが、できなかったダルマ落としに挑戦した。成功して喜んでいたら、ほかの子たちが集まってきて一緒に遊んだ。

【合格のポイント】

自分の思いを素直に言葉や行動に表したことがよかったと思います。

一般的に幼児は「僕／わたし上手でしょう」と自慢したがる子が多く、お友達をほめることは意外とできないものです。

ダルマ落としも以前に失敗していたならなおさら、試験の場でまた失敗したら恥ずかしいなどと思い、避けることが多いもの。Fさんはやりたいという素直な気持ちで行動しました。だからこそできたときにいい反応をして、ほかの子たちが引きつけられたのでしょう。

【教室での様子】

慶應クラスでは、子どもたちが自分らしくのびのびと振る舞えるよう指導しています。素のFさんは個性的で面白いのですが、授業では優等生的な答えを意識して小さくまとまってしまう様子が見られました。

女子難関校を併願していたので「我を出さず、お行儀よく慎重に」といった指導も受けていたからかもしれません。

お母さんも、女子校を受けるなら厳しくしつけなければいけないと思い込んでいたようです。

そこで本人には自分の思う通りに振る舞っていい、もっと楽しみましょうと伝え、お母さんにもお子さんを型にはめないようお願いしました。

ご両親もFさんが自分のよさを表現できなくなっていることを感じていたそう。どうして受験をしようと思ったのか、どのように取り組もうと思っていたのか、もう一度原点に戻って話し合い、Fさんへの接し方を見直してくれました。

お父さんは自分らしさを貫かれている方で、軌道修正もお父さんの力が大きかったようです。


【保護者から】


娘はまじめで何事にも一生懸命取り組む半面、周りの様子や反応を気にしすぎて自分の思いをうまく表現できずにいました。

たとえば、絵や制作になかなか取りかかれなかったり、お話の途中で黙ってしまったり、声が小さくなったりすることがありました。それが本番直前になって、自信を持って制作やお話ができるようになりました。

黒田先生は何を言ってもその子の個性として認めてくださるので、そのことが自信につながったのではないでしょうか。慶應クラスのお友達の個性あふれる作品や表現もよい刺激になったのだと思います。

家庭では特別な準備はしていませんでした。一時期、受験によいと評判の絵画や体操の教室にも通わせようと試みましたが、娘が拒否。親の思い通りに受験準備を進めるのは難しいとあきらめ、習い事も遊びもそれまで通りとし、その範囲内で工夫することを考えました。

遊びは、時にはお友達と協力してクリスマスパーティの準備をするといった課題を与えたり、週1日、曜日を決めて外で思い切り遊ばせたりしました。

また幼稚園の送迎は徒歩だったので、歩きながら数や言葉遊び、道ばたの草木や空を見て季節のお話などをしました。そして親も一緒に季節を味わい、行事のあり方を考えるなど日々丁寧に暮らすことを心掛けました。

横浜初等部の一次試験を突破できたのは、女子難関校を併願していたのでペーパーテスト対策にしっかり取り組んでいたからだと思います。

二次試験の制作、遊び、運動は伸芽会でたくさんやっていたので、いつも通り楽しく臨めたようです。本番さながらの模擬テストも経験していたため、試験当日もいい緊張感で自分の力を発揮できたのでしょう。

ダルマ落としは伸芽会でやったことがありましたがうまくいかず、とても欲しがったので購入はしていましたが、自宅の引っ越しなどがあり試験前には練習できませんでした。その分やりたい気持ちが高まっていたので、練習をしなかったことが功を奏したともいえます。

学校では、入試のときと同様それぞれの分野で活躍しているお友達を称えながら、大好きな運動会が自分の活躍の場と思っているようです。

昨年は徒競走で1位になることとクラス優勝を目標に頑張りましたが、努力してもかなわない悔しさも味わいました。それでもまた次に向け努力を続けています。

そういった自他を認め、影響し合い、ねばり強く頑張る姿勢はまさに慶應クラスで身についたもの。

それが今も自然に継続しています。

第5章

合格者との座談会

合格するまで。そして学校生活

GUIDEBOOK FOR PASSING KEIO

幼稚舎合格の皆さん

【参加者】
Tさん（母）（2015年度入学・男子）
Mさん（母）（2012年度～2017年度入学・男子2人）
Cさん（母）（2011年度入学・女子）
阿部　伸芽会自由が丘教室室長

志望動機について

黒田　たくさんある私立小学校の中で、慶應はトップクラスの人気校です。皆さんが幼稚舎を志望された理由は何でしょうか。

Tさん　子どもには、職業も含め好きなことをしてほしいというのが一番の願いです。そのため受験は小学校だけで、あとは大学まで自分の好きなことを伸ばしながら過ごせる学校を探しました。幼稚舎は年中のとき学校説明会に行き、まさに一人ひとりが個性を伸ばせる学校だ、と。机上の「お勉強」だけじゃなく、自分の好きなことや経験から学べる環境というのも大きかったですね。

Mさん うちも息子たちには得意なことを生かして、リーダーシップをとりながら社会の役に立ってほしいと考えていました。そんなときに福澤諭吉先生の本を読み、学ぶ姿勢や学んだことを実学につなげる話などにピンと来て。長男が合格できたので、二男もチャレンジさせることにしました。

Cさん 娘は女子校附属の幼稚園を受験しましたが、ご縁をいただけませんでした。気を取り直した年中のころ、夫が「(娘には)幼稚舎がいいんじゃない?」と。それから学校説明会に参加し『福翁自伝』などを読み、理想的な教育だと思うようになりました。

伸芽会を選んだ理由

阿部 伸芽会を選ばれ、ずっと通っていただいたのはどうしてでしょうか。

Cさん 大手の教室のほか、個人の教室、絵画教室、体操教室などがありますが、生活リズムの中に小学校受験をうまく取り入れたかったので、一括で対応してくださる教室が理想でした。娘の人見知りも直したかったため、複数のコースがあり通いやすいところを探して伸芽会に決めました。

Mさん　最初は長男が週1回楽しむだけという感覚でした。でも毎月の面談で、育児の悩みなども時間をかけてじっくりと聞いていただけて。そういうこともあり、親にとっても心のよりどころになっていきました。たとえば長男の特技が見つからないときに、ジョギングを提案していただきました。ジョギングはすごく好きになり、今でも続けています。受験準備中はほかの教室の情報もたくさん入ってきましたが、「絶対伸芽会だけでいくぞ、ゆったりいくぞ」と思っていました。

黒田　実はM君（兄）が最初に来た日に少しきつくしかってしまい、後で反省しました。続けてくださってホッとしました。

阿部　もう行きたくないと言いませんでしたか。

Mさん　先生がお話しされているときに、自分もしゃべってしまったのですよね。しかられたことはショックだったようですが、教えてもらえたことはプラスになったと思います。私も熱意を感じて、逆についていこうという気持ちになりました。

黒田　しかられて意欲をなくすお子さんもいます。M君は来たときから自分を表現することができていました。ただその出し方ですよね。自分勝手にするのではなく、場所や状況をわきまえなければいけません。集団のルールを意識できるようになれば、よい方向に伸びると感じました。運動はM君も下のお子さんも得意ですね。特別な教育をされたのでしょうか。

Mさん　特別なことはしていません。彼らは公園に行かずにはいられない子たちでした。かなり小さいときから毎日行っていました。

黒田　相手をするお母さんも、運動が好きじゃないとできませんね。

Mさん　自分も楽しもうと割り切って。ドーム状のすべり台とか、スパイダーのように四つん這いじゃないと登れないようなところを必死になって登ったり、オニごっこをしたり、夕方までずっと一緒に遊んでいましたね。

Tさん　うちは受験に関して子どもに無理強いしたくない。けれど、せっかくやるなら後悔したくない。できれば結果も出したい。そんな葛藤があり、どこまでやったらいいか、家ではうまくいかないとか悩みました。伸芽会の先生方が「大丈夫だから。いいところを見てあげて。いいところを伸ばせばいいから」と言い続けてくだざって。それに尽きますね。信頼してここでお世話になろうと。

阿部　途中で迷うことはありませんでしたか。

Tさん　子どもは人見知りがあったので、伸芽会のメインの教室のほかにも行かせた方がいいか、何度か先生に相談しました。先生は「まだ時期じゃない。今行くと自信をなくしてしまうから」とおっしゃっていて、結局掛け持ちしたのは直前期になってからでした。結果的にそうしてよかったと思います。

Cさん　私も伸芽会の先生方のブレない姿勢に救われました。すべてプラス思考に持っていってくださる。それもしっかり子どもを見たうえでの根拠に基づいている。入会前は、大手の教室の先生は営業的な感覚かもしれないと心配していたのですが、面談でいつも的確なアドバイスをいただき「この先生がおっしゃるなら大丈夫」と信頼できるようになりました。教室も温かい雰囲気で、指導面だけでなく「あそこに行けば何とかしていただける」という安心感がありましたね。

黒田　最初お嬢さんにお会いしたときに、なんて素晴らしい笑顔のお子さんだろうと思いました。きっと、ご両親がいいかかわり方をされてきたからでしょう。指導も素直に受け止めてくれました。受験準備の後半ごろ、絵画の課題でトンビを描いたことがありました。女の子がトンビを描くのは珍しいので成長を感じました。

Cさん　トンビが食べ物を狙って降りてきたところを見たからだと思います。かなり近かったんです。「すごいねー」と驚いて。一緒に本で調べて、正式には「トビ」という名前であることや習性について話をしました。

黒田　そのような実体験を生かした作品を描いたときは、こちらから言葉を引き出そうとしなくても勢いのある答えが返ってきます。その感覚が大事です。

Mさん　(伸芽会は)品もありましたね。教室には丁寧に季節の飾りが施されていて。その影響で日常生活が豊かになりました。ほかのお母さんたちとも、「受験していなかったら季節の行事もちゃんとやらないし、あいさつも適当だよね」などと言っていましたね。品格も養っていただいたと感謝しています。

阿部　お父さまは受験にどのようにかかわっていましたか。

Mさん　伸芽会の先生が、お父さんはお母さんを支えてくださいとおっしゃっていたのが印象的でした。夫は授業参観に行って学んできたこと、たとえばあいさつの仕方や、遊んでいるときも周りをよく見ることなどを子どもに伝えていました。

Tさん　夫は出社時間が遅めなので、朝息子を散歩に連れ出してもらったり、ペーパーテスト対策をやってもらったりしました。散歩では花や虫を見ながら、お勉強というか、親子でいっぱい話をしてきて、とお願いしていましたね。

Cさん　父親としての役割を見つけて、お願いするのが一番うまくいくと感じました。夫は文章を書くのが得意なので、願書は私がたたき台を書いて、仕上げてもらいました。伸芽会の添削で合格がもらえるように、20回ぐらい修正しましたね。

合格の決め手

阿部　お子さんたちは幼稚舎の入試のとき、どのような様子でしたか。合格の決め手は何だったと思われますか。

Mさん　二男のときは「自分が好きなものと合体した絵を描く」という課題で、大好きな虫と合体した絵にしたとのことでした。伸芽会で自由に描かせていただいていたので、思い切り好きなように描けたのがよかったのではないでしょうか。

黒田　M君（弟）は伸芽会でもよく虫を描いていました。最初のころは実物大にこだわっていて、おとなしい作品になることが多かったので、大きく描いた方がいいことを伝えていきました。上のお子さんのときはいかがでしたか。

Mさん　制作は各自が絵を描き、切ってパズルを作り、席を移動してほかの子が作ったパズルをやるという課題でした。息子が当たったパズルはなんと真っ白。先生にやらなくてもいいと言われたそうですが、最後までやったとのことでした。運動はケンケンをしながらジャンケンをする課題。みんなは途中で足をついてしまった、でも僕はできたと得意になっていました。ボールが入ったカゴまで走り、ボールを投げて先生にタッチして戻る課題では、先生にタッチせずに戻る子が多かったけれど、自分はしたと。そこで先生と笑顔を交わしたことがうれしかったようです。

Cさん　娘は早生まれなので、考査の判定も月齢を考慮してくださったのではと思います。先生ととても自然に話せたと言っていました。

Tさん　息子は運動の途中で靴が脱げましたが、すぐ履いて最後まで続けてきたそうです。冷静に対処できたと思われたのかもしれません。制作は磁石の反発力を利用して追いかけっこをするおもちゃを作る課題でした。虫捕り網を持った自分が、きれいな昆虫を追いかけるおもちゃにしたようです。昆虫はよく描いていたので、自信を持って取り組めたと思います。

黒田　T君は伸芽会でも工夫して描いていました。クラスの集団活動では、状況をよく見ていてお友達をサポートしていました。

Tさん　入試の自由遊びのときは線路をつなげて電車遊びをし、やり方がわからない子には教えてあげたと言っていました。

学校生活について

阿部　そのような頑張りなども含め、試験の場で一人ひとりをよく見てくださっているのですね。そして入学された幼稚舎は期待通りでしたか。

Tさん　期待通り子どもが好きなことを生かせる環境です。漢字、自然、縄跳びなどさまざまな検定や大会があり、読書好きな息子は漢字検定に挑戦しました。成績優秀者は校内掲示や学級通信などで称えられます。学級通信には子どもたちの日記も掲載されていて、お友達を見習って新しいことを始めるなど、触発し合っているようです。先生も応援してくださっている様子が伝わってきます。

Mさん　やはり得意なものを持っている子たちがいて、それをみんなで称賛し合う環境に感動しますね。「これだったらあの人！」というのをみんなわかっていて、それを認めつつ自分も得意分野で力を出そうという意識が育っている。長男は絵画とスポーツが得意です。あるとき担任の先生に、「ここはきっと彼が活躍してくれると思っていた。そして見事にやってくれた」とおっしゃっていただき、感激しました。

Cさん　娘は学校行事で表彰されるような活躍はしていませんが、作文が学習発表会の台本の原作に選ばれて台本に名前が掲載されるなど、彼女なりの道を見つけたようです。幼稚舎は特に6年間クラス替えがないので、在学中も担任の先生がクラスの子どもたち一人ひとりをよく把握してくださっていると感じます。6年間同じクラスで過ごすという観点で、入試でも見ているのかもしれませんね。

黒田　受験ではその子らしさがそのまま出ればいいんです。そのためには、親がその子の「今」を認めてあげないと表現できるようにはなりません。

Cさん　性格が強い子が合格するといわれているようですが、娘のクラスにはいろいろな子がいます。娘は控え目な方ですが、ちゃんと居場所や役割を子どもたちは自覚しているようです。

黒田　クラスのカラーは担任の先生の個性が反映されるようですが、お子さんたちのクラスはいかがですか。

Cさん　娘のクラスでは自主性を求められます。たとえば宿題は毎日出されるのではなく、この漢字プリントを1学期中に終わらせるといったものなので、自発的、計画的にやらなければなりません。毎日宿題が出て、やってこないとペナルティが課せられるクラスもあるので、本当に担任の先生によりますね。

Tさん　息子のクラスは学年の中で一番宿題が少ないと思います。毎日漢字のプリントが2枚ぐらいです。教科書は学校に置きっぱなしだし、息子も学校でやっていることをあまり話してくれません。不安になって先生に面談を申し込んだら、授業はちゃんと聞いているし、やるべきことはやっているから大丈夫ですとのこと。先取り学習はしないようにと言われ、家では小テストのための勉強と日記のサポートだけをしています。理科が始まると皆さんレポート書きに苦労をすると聞いたので、文章力を上げられるように日記を週に2回、なるべく自分らしく、面白く書けるよう工夫させています。

阿部　中学校に上がると外部から受験をして入ってくる子たちもいますよね。そういった不安は子どもたちにはないのでしょうか。

Cさん　先生は「中等部にはこういう子が来る」「普通部はこれだけ大変なんだ」「ち

ゃんと勉強しないと中等部には行けたとしても、女子高（慶應義塾女子高等学校）には上がれなくなるよ」などと話してくださるようですが、娘にはまだあまり響いていないように見えます。幼稚舎で6年間培った信頼関係があり、中学で困ったことがあればお友達が助けてくれるとわかっているので、みんな怖がらないらしいです。勉強ができる子にしてほしいと思うのであれば、別の小学校がいいかもしれません。幼稚舎のよさは、自分らしく思い切り楽しめることだと思います。

黒田　主体性や物事に取り組む姿勢は、幼稚舎生活の6年間で培われていくと思います。それに幼稚舎で育った子たちは、中学受験をしてきた子とは違うものを持っているのではないでしょうか。

Cさん　たしかに、それが幼稚舎を目指した理由の1つではありますね。長い目で子どもを見ることができて本当によい学校です。

黒田　貴重なお話をありがとうございました。是非今後の受験生たちに伝えていきたいと思います。

横浜初等部合格の皆さん

【参加者】
Rさん（父・母）（2013年度入学・女子）
Fさん（母）（2013年度入学・女子）
Uさん（母）（2014年度入学・男子）
Nさん（母）（2014年度入学・女子）
阿部　伸芽会自由が丘教室室長

志望動機について

黒田　皆さんは、どうして横浜初等部を志望されたのでしょうか。

Rさん（父）　何校かの学校説明会に行きましたが、横浜初等部の説明が一番明快でした。子どもたちが40代半ばを迎える2050年ごろはグローバル化がさらに進み、価値観が錯綜する時代。その複雑化する社会のリーダーを育てるための新しい教育を実践する、といった内容で、実社会の要請と照らし合わせても理にかなっていると感じました。また新設校ということで、学校創造に一から参加できるということが大きな魅力でした。幼稚舎の伝統に加えSFC（慶應義塾大学湘南藤沢キャンパス）につながりがある。どんな新しい要素を加えていけるのかが楽しみでした。娘は毎日の早起きも苦にせず、できるだけ早く登校したがるほど学校生活を楽しんでいます。私も行事などで訪問するたびに、より大きな期待と確かな信頼を抱くようになりました。

Rさん（母）　今はインターネットや国際化などによって、さまざまな情報や価値観が交錯する環境です。学校説明会で、そのような社会に合った人間を育てるためには何が必要で、新しい学校としてどのような教育をしていくのか、はっきり示してくださった点に引かれました。

Fさん　わが家も学校説明会の話がすんなり腹に落ちたことが決め手です。漠然と感じていたことを言葉にしてもらえた印象でした。実社会に目を向けた教育というお話も、福澤諭吉先生の時代からのゆるぎない理念に基づいていて、それが今の時代にも適合している。そしてこの先もずっと変わらないと感じました。

黒田　新しい時代に向けてつくられたＳＦＣ。そこにつながる小学校としてどのような教育をするのか、私たちも非常に関心がありました。ＵさんとＮさんはその翌年の入学でした。Ｕさんは最初は関西から季節講習に来られていたのですよね。

Uさん　夫の仕事の関係で関西と東京を行き来する生活でした。幼稚園は関西でしたが、小学校は東京も考えていました。息子は個性がはっきりしていて、幼稚園はインターナショナルスクール。慶應は子どもの個性を尊重してくれるし、横浜初等部は国際色が強いＳＦＣとのつながりがある。また、天然芝のグラウンドもあって丈夫な体と感性も育める。最高の環境だと感じました。季節講習のとき黒田先生に東京で本格的に準備をするよう勧められ、東京に移って本腰を入れました。

黒田　Ｕ君は非常に活発で授業での反応も抜群、お話も上手で強烈な印象でした。その強すぎる部分をいい方向に伸ばせれば十分に可能性はある。あの個性は絶対挑戦させるべきだと思い、お声掛けしたのです。

阿部　お勧めはしたものの、お子さんの進路にかかわる大きな決断になります。本当によくいらしてくださったと感謝しています。

Uさん　信頼してお任せしようと思って。東京で本格的に通い始めて、関西からときどき通う程度では合格できる学校ではないことを実感しました。

黒田　Nさんは内部進学の準備のために通われていて、最初外部受験は考えていらっしゃらなかったのですよね。でもとても芯のしっかりしたお子さんなので、是非慶應を目指していただきたいと思いました。

阿部　お子さんの幼稚園は、当時は外部受験をすると内部進学の推薦権を失ってしまうのでしたよね。

Nさん　勧めてくださるということは、可能性が2ケタぐらいはあるのではないかと。また、（慶應とつながりのない）フリーの立場でも合格している方もいるというので。じゃあ挑戦しようか、と決めました。

伸芽会を選んだ理由

阿部　伸芽会を選ばれ、続けていただいたポイントは何でしょうか。

Fさん　友人にいいところがあると紹介されて。最初は習い事の1つという感覚でした。自宅から近く、母子分離で私の負担も少ない。親のストレスが少なければ、子どもも楽しいに違いない、と。

Rさん（母） 仕事関係のイベントで、伸芽会の先生のお話を聞いたことがきっかけです。通いやすいことと、授業参観は月1回ですが、授業の解説は毎回していただけるという距離感がちょうど合いました。教室がアットホームな感じだったのもよかったです。受験準備は子どもには負担ですので、なおさら温かい雰囲気の中で楽しみながら学ばせたいと思いました。

Uさん ほかの幼児教室に通っていた方から、そこの教室は受かるためのノウハウを身につけさせる指導で、雰囲気も殺伐としていると聞いて。うちは楽しく学べることを第一に考えていました。子どもは伸芽会の授業をとても楽しみにしていて、親同士は待ち時間にお茶してました。親子とも和気あいあいと過ごせたのが大きかったですね。

Nさん うちは娘の幼稚園から内部進学のために幼児教室に通うよう勧められて、伸芽会に体験に来ました。ちょうど黒田先生の授業で楽しかったみたいです。入会後娘は、泣いている子がいると「なんで泣くのかわからない。幼稚園よりも楽しいのに」と。絵も制作も不得手だったのですが、先生方は少しでもいいところを認めてくださるので、家でもやってみようという気持ちになっていましたね。

黒田　楽しくないと教えても吸収できないので、楽しませることは常に心掛けています。だからといって、冗談を言ったりおどけたりするわけではありません。指導内容の掘り下げ方や展開力を工夫しています。

阿部　受験を考えると、緊張感があった方がいいというご家庭もあります。もっと厳しくした方がいいのではないかと不安になりませんでしたか？

Rさん（母）　楽しくないと続けられないし、親も辛くなります。それに伸芽会では楽しいだけではなく指導はしっかりと、ルールも守らなければいけないなどメリハリがありました。学校でも同じように楽しく学んでいってほしいです。

Rさん（父）　親はどうしても点数など技術面に走りたくなるので難しいですよね。目先のことにとらわれて、わかりやすい結果を求めてしまう。そこを抑えてじっくり育てていかないと、子どもが壊れてしまうし……。

黒田　点数をとる技術を教えるだけで、物のとらえ方や考え方は素通りするような幼児教室が多いようです。系列完成の問題でいえば、並んでいる絵の中から同じものを探して指をさし、両手をスライドさせていけば答えは見つかるというのは、まさに技術を教えているわけです。伸芽会では、問題全体を見て規則性を見つけ、論理的に説明できるような見る力や感覚を育てようとしています。

Rさん（母） 学校も同じことを言っています。考える力を育てたいので、先取り学習は絶対しないようにと。計算の例では、分数の計算で答えが4分の2になると、塾に行っている子は約分して2分の1と即答するそうですが、どうして4分の2が2分の1になるのかは説明できない。それを考える力をつけてほしい、とのことでした。この話も、伸芽会でやっていたさまざまな角度から考察することも、全部つながっていると思います。

伸芽会の授業参観で感じたこと

阿部 伸芽会の授業を参観してどう思われましたか。

Fさん よく実験のようなことをしていましたよね。印象に残っているのは「水」の授業です。真水、砂糖水、塩水、麺つゆ、バニラの香りの水、温水が用意されていて、真水を当てるというものでした。娘とお友達数人が前に出て、「こうしたらいいいんじゃない？」「これは○○水だ！」などと延々とやっていて。親は「早く答えを！」と思うのですが、先生は気が済むまでやらせて、答えを導き出させていました。娘はこの授業を今でもよく覚えているそうです。体験して自分でじっくり考えたからこそ、真の知識として身についているのだと思います。

Rさん（母） 大人が「そんなの簡単じゃない」などと言いそうになることも、先生は辛抱強く見守って丁寧に指導されていて、頭が下がる思いでした。

Rさん（父） 親が焦って視野が狭くなってしまっても、伸芽会はじっくり子どもを育てていこうという姿勢なので、うまくバランスがとれるのでしょうね。

Nさん 私は絵画の授業を参観して、目からウロコが落ちました。描き方の技術ではなく、対象の見方を教えているんです。いすに座っている人を描くとき、先生が「腕はどうなってる？」と聞くと、子どもたちが「曲がってるー」。「手のひらは見えてる？」「見えてなーい！」。娘は絵が苦手だと思っていましたが、視点を教えれば描けるんだ、と驚きましたね。

Uさん 黒田先生は生徒一人ひとりの個性をよく理解して、よい面をうまく引き出し、課題があれば時間をかけてよい方向に導いてくださる。息子にとっても優しくてワクワクさせてくれる先生でしたが、本気でしかられるときはとても怖かったようです。「黒田カミナリ」が落ちないように適度な緊張感もありました。

黒田　しかるときは結構厳しくしかります。一生懸命やってもできないときではなく、最初からやる気がないときや、興奮しすぎて場が混乱してしまうようなときです。もちろん抑圧することはなく、子どもが反省し学びにつながるよう導きます。

学校の印象、子どもの様子

阿部　実際にお子さんが入学されて、学校の印象はいかがですか。

Rさん（母）　1期生は先生も子どもたちも保護者もすごく連帯感があり、「自分たちが頑張ろう、楽しまないと」という気持ちが強いです。先生たちの個性はさまざまですが、よりよい学校をつくっていこうという意識を感じます。そこに2期生、3期生が入り、新しい要素が加わって変化していく様子が興味深いです。

Rさん（父）　現場レベルでの担任の先生の裁量が大きいので、クラスごとの特色がそれぞれに引き立っていると感じます。

Fさん　授業も行事も受け身ではなく、子どもたちが積極的に参加し、つくり上げている印象です。娘はどちらかというと消極的でしたが、最近はクラブの部長や学芸会の実行委員などに立候補し、奮闘していて成長を感じますね。幼稚舎も同じだと思いますが、ルールはクラスごとに話し合って決めます。また、百人一首検定や大会、英語、国語、算数の検定など、得意なことや好きなことにチャレンジできる機会がたくさんあることも、すごくいいなと思います。

Rさん（母） ルールはあらかじめ決まっている方が楽ですが、ないからこそ考える力がつくのでしょうね。自由が多い分、家庭に判断をゆだねられる部分も多い。基準や価値観は人それぞれなので、そのたびに大人も同じように悩みます。

黒田 自由と責任は一対です。自由の中で自分たちが決めたことは責任につながると認識することはとても大事です。「作ったもので自由に遊びなさい」という入試の課題はまさにその表れといえます。

Rさん（父） 前の横浜初等部部長が『自由と規律』（池田潔著・岩波書店刊）という本の話をされていました。その中には、「自由は規律を伴う」といったことが書かれています。子どもたちに、規律を守らないと自由がなくなるということを学ばせようとしているのでしょう。

Fさん 子どもたちは福澤先生の言葉の「自由在不自由中（自由は不自由の中にあ

り）」を教えられているようです。

Uさん　1・2年生は遊んで学ぶという方針のようで、宿題はあまりありませんでした。息子は毎日お友達と天然芝のグラウンドを走り回ったり、ビオトープで自然とふれ合ったりして、季節の変化やさまざまな発見を楽しんでいました。

Nさん　3年生になったら宿題が増えましたね。でも娘は遊んで帰ってくるので終わらない。「宿題があるなら早く帰るよね？　寝る時間、過ぎてますけど」って。

黒田　全部やってから寝ますか？

Nさん　寝る時間までに終わらないときは、朝早く起きてやっています。

Uさん　うちも夜遅くまで宿題に追われることがあります。制作の宿題は非常に凝ります。親としては、「そこまでこだわらなくても」と思うのですが。

黒田　学びも遊びも手を抜かないのが慶應流では？

Uさん　たしかに、物事を深く追求させる指導ですね。理科では、昆虫や植物のスケッチやノートの書き方など、かなり高いレベルを要求されます。

Nさん　娘の学年の算数は、中等部で教えていらした先生が担当しています。テストの表側は知識・技能で、計算問題や文章問題です。裏側は論理で、表側の問題を本当に理解しているかどうかを問われます。両側ともできるのが望ましいようです。論理的に考えさせる授業をしているのだと思いますが、教科書には載っていないので、漠然と聞いているだけではテストで対応できません。ただ、授業でわからないところは聞けば教えてもらえるようです。

黒田　そこまで突き詰めていく精神があるから、人とも真摯に向き合えるようになり、リーダーの素質が養われるのかもしれませんね。

受験をふり返って思うこと

阿部　小学校受験をふり返っての思いをお願いします。

Fさん　結果的に伸芽会しか通いませんでしたが、周りからいろいろな情報が入ってくるんですよね。あそこの体操教室がいい、習い事をさせた方がいいとか。そういう情報に惑わされて、子どものいい面を伸ばすというより結果を出すにはどうすればいいか、という考えにとらわれてしまった時期がありました。夫に「小学校がゴールじゃない。もう一度原点に戻ろう」と言われ、軌道修正できました。

黒田　そのような方はよくいらっしゃいます。周りから言われて迷ったけれど、結局伸芽会だけにして、ごきょうだい2人とも慶應に合格したご家庭もあります。

Rさん（父）　私も親がブレないことが絶対だと思っていました。小学校受験はほぼ100％親の意思です。自分たちが始めたことなので、子どもが思うように伸びなくても非難せず、責任を持って最後までやり抜く覚悟を大切にしていました。伸芽会だけだったのでかえって割り切ることができ、子どもも混乱せず自由に自分のよさを出せたのかもしれません。

Nさん　子どもも親も成長しました。娘は自分のことは自分でするという意識が高いです。親は、子どもの言動を先回りしてはいけないのだと学びましたね。

Uさん　同じく親子の成長ですね。大人になると自分の尺度だけで物事を判断してしまうことが多く、子どもに教えるための基礎の部分を見失っていました。黒田先生から子どもへの接し方をうかがい、忘れていた部分を思い起こしました。

黒田　ありがとうございます。これから受験をされる方たちにも、悔いのないよう準備をしていただこうと思います。

第6章

幼稚舎／横浜初等部の入試を考える

GUIDEBOOK FOR PASSING KEIO

入試内容は時代背景を反映する

幼稚舎の入試内容は、集団テスト（絵画・制作、行動観察）と運動テストです。幼稚舎は現在の入試方法に落ち着くまでに、試行錯誤をくり返しました。

１９９１年度まで試験は２日間で、ペーパーテスト、集団テスト（絵画・制作や遊び）、運動テストが行われました。

92年度は試験日が１日のみとなり、面接の代わりに作文（「志願者に関する文章」１２００字程度）をその場で書く方法に変更されました。また別の日に保護者面接がありました。

93年度も１日でした。ペーパーテストがなくなり、絵画・制作（創作・表現）、行動観察（集団遊び）、運動の３本柱が確立され、当日作文課題が出されました。

当時は、少子化の進行が親の過保護、過干渉、地域社会の機能低下（路地裏遊びが姿を消す等）などを招き始めていました。それとともに小学校受験熱が高まり、過度な入試準備が子どもたちの成長に影を落とし始めていた時代です。幼稚舎が次代を担う人材育成のために入試内容を見直したのは必然といえます。

94年度以降は、作文は事前に提出する方式に変わりました。99年度と２０００年度のみ保護者面接が復活しましたが、01年度以降はまた面接がなくなり、現在の願書と同様に、志望理由、志願者の様子、家庭の方針などを書かせる形式に落ち着きました。その後08年度に「福澤諭吉の思想に共感するところ」を書く欄が加わりました。次の年には「お子さまを育てるにあたって『福翁自伝』を読んで感じるところ」に変更され、現在に至っています。

横浜初等部の入試は、一次試験でペーパーテストを行い、その合格者が二次試験に進み集団テストと運動テストを受けます。面接はなく、願書に志望理由と指定された書籍についての作文欄が設けられています。

作文は18年度までは「志願者の家庭について、『福翁自伝』を読んで感じるところを書いてください」でしたが、19年度は「『福翁自伝』を読んで、志願者の独立について感じるところを書いてください」に、20年度は「『伝記　小泉信三』（慶應義塾大学出版会）を読んで、慶應義塾の塾風・気風（空気感）について感じるところを書いてください」に変わりました。

小泉信三は、1933年から47年まで慶應義塾の塾長を務めた人物です。福澤諭吉が述べた「慶應義塾の目的」に基づいて「気品の泉源、智徳の模範」を教育の軸とし、学生の心得を記した塾長訓示を掲げました。また手狭になっていたキャンパスの分散や工学部（現・理工学部）の設置に尽力するなど、福澤諭吉の理念を体現し、今の慶應義塾の基盤を築いた一人といえるでしょう。

そして21年度は「『福翁百話』の家庭や親子関係などに関して書かれている部分を読み、保護者と志願者の関わりについて感じるところを書いてください」でした。『福翁百話』は福澤諭吉が創刊した新聞「時事新報」での連載をまとめたものです。

幼稚舎、横浜初等部とも面接がないので、志望理由と作文は家庭の教育方針や入学への思いを伝えられる唯一の手段です。

作文は単なる感想文ではいけません。内容を踏まえ、家庭の教育方針や社会背景などと関連づけて、自分たちの言葉で表現する必要があります。保護者の人生観や教育観などもからめて具体的に述べるのもよいでしょう。福澤諭吉や慶應義塾関連のほかの書籍も読んでおかれることをおすすめします。

学校別考査の傾向

慶應義塾幼稚舎

幼稚舎では例年、男女別のグループごとに集団テスト（絵画・制作、行動観察）と運動テストが行われます。

集団テストの絵画・制作では、テスターからテーマとなるお話を聞き、それに沿って創作活動をします。内容は試験日やグループによって異なります。たとえば宇宙人のお話を聞いた後、カラー粘土で宇宙人を作り、一緒にしたいことをクレヨンで描くといった制作と絵画の組み合わせが基本です。願いがかなう魔法のカードをデザインした後、各自のカードでどんな願いがかなえられるか発表し、それを聞いて誰のカードを使って何をしたいかを描くといった、絵と絵の組み合わせになることもあります。活動中にテスターから作品の説明が求められ、答えに応じてさらに掘り下げた質問をされることもあります。

定まった答えのない課題に対し、自分で考え時間内に作品を仕上げる主体性や、伝えたい思いを作品や言葉で表せる表現力が鍵といえます。合格した子に話を聞くと、自分の一番好きなことを楽しく表現し、テスターも会話の展開を楽しまれていたのではないかと想像できます。

本来、会話は互いを知る最良の手段であり、新しい知識や考えとの出合いを誘うものです。この課題では会話力も含めもっと大きな意味での表現力と、その基になっている生活体験の豊かさが問われているように思います。子どもが自分にとっての一番を生き生きと表現できるよう、保護者も子どもの興味と関心に寄り添ってともに楽しむ姿勢を持つことが大切です。

行動観察は、チームに分かれてボール運びゲーム、しりとりゲーム、ドンジャンケンなどを行い、順位や勝敗を競う課題が実施されています。同じチームのお友達同士で場を楽しくするための発想や工夫ができること、できるだけ多くのお友達に伝わるような筋道を立てた話し方ができること、できなかったときにまたチャレンジする前向きな姿勢を示せることなどが重要です。

年長児は年齢的に自分の考えは主張できても、お友達の意見に耳を傾けることや、グループ内で折り合いをつけることは難しいものです。普段から失敗やけんかも含めて、お友達と遊ぶ楽しみを得るための工夫や努力が自然にできるようにしておくとよいでしょう。

運動テストは、子育てとは「まず獣身を成して後に人心を養う」という福澤諭吉の精神を反映した学校らしく、試験時間の3分の1が充てられています。

課題はテスターのお手本をまねて体を動かす模倣体操、競争などです。競争はチームに分かれて整列し順番に行います。

2019年度までは連続運動をしてゴールをするという流れでしたが、20年度はゴールの前にテスターから「やめ」の合図があるまで、ボールつきや縄跳び、ボールの投げ上げなどをくり返すという新しいパターンでの出題がありました。

待っている間の様子も含め、さまざまな視点から複合的に子どもたちを見ようとする学校側の工夫やねらいが感じられます。

慶應義塾横浜初等部

横浜初等部の一次試験で行われるペーパーテストは、「聞く力」「見る力」「考える力」を主軸にしています。プリントを大量にこなさなければできないような難問ではなく、日常生活での遊びや体験などをベースにした問題が中心です。

また月齢を考慮し、バランスよく受験者の4割近くを一次合格者としているようです。二次試験の分母を多くして、それぞれの個性と伸びしろを見きわめようとしていることがうかがえます。

かつての幼稚舎のペーパーテストと似た問題も出題されています。この章の最後に資料としてサンプル問題を掲載していますので、ご参照ください。

二次試験の集団テストでは制作と行動観察が行われています。開校年の2013年度と14年度の行動観察は、用意されたおもちゃを使っての自由遊びでしたが、15年度からは制作と行動観察が連続した課題に変わりました。

たとえば課題に沿って作ったものを持ち寄り、その中のいくつかをみんなで相談して選んで遊ぶというものです。20年度は用意された粘土でテーマに沿った作品を作った後、できるだけ多くのお友達に声をかけ、自己紹介をして作品を見せ合うというものでした。作品の完成度より、思いを表現できることや、ほかの子と仲よく遊べる社会性やコミュニケーション力に焦点を当てていると思われます。

運動テストも変化しています。13年度から16年度までは模倣体操や身体表現、連続運動などのシンプルな動きでしたが、17年度からは模倣体操や連続運動に加え、チームに分かれて段ボール箱運びリレーやボール運び競争をするなど、ゲーム形式の課題も見られるようになりました。

チームのお友達と力を合わせて取り組まなければならないので、能力だけでなくコミュニケーション力が必要になります。インターネットを通しさまざまなことが学べる時代ですが、人格の形成は他者とのかかわりなくしてできるものではありません。学校側も、初めての場でも人と円滑にかかわり、他者や共通の目的のために力を発揮できる子を育てようとしているのではないかと感じます。

対策の考え方

幼稚舎と横浜初等部の入試では、自分を表現することが大切です。表現するといわれてもわかりにくいときは、試験を楽しめるかどうかに置き換えてみてください。私は、本人が入試を楽しめたというときは、自己表現できていると考えています。

入試当日、3つの柱の絵画・制作、行動観察、運動のすべてを楽しめることが理想ですが、最初から3つとも得意な子はあまりいません。

慶應クラスの子たちには、年長になる春ごろまでに最低1つは好きなこと、得意なことを見つけてほしいと思っています。制作が大好き、運動が得意、みんなと遊ぶのが好き、などです。

そして夏の間にもう1つ増やします。夏に伸びやすいのは絵画・制作です。旅行や自然体験など夏休みの体験を通して興味の対象を見つけることが多く、制作に生かしやすいからです。

直前期の9~10月には一番課題だったこともできるようにしていきます。得意になるまではいかないかもしれませんが、苦手意識はなくなるよう図っています。

多くの場合、一番難しいのは行動観察です。幼児は自分の好きなことはできても、人とかかわりながらグループで活動するのはできなかったりします。

幼児の発達過程として、最初から自己表現と状況判断を同時に行うのは難しいもの。慶應クラスでは、まず自分のことを十分に表現できるようにしてから、周りを見て状況に応じた行動ができるよう指導していきます。秋は運動会シーズンで、幼稚園・保育園でもグループ活動の機会が増えるので伸ばしやすい時期ではあります。

もちろん、最初から制作が得意な子、周りとのかかわり方が上手な子もいます。その場合も入試までに3つのバランスを整えて、当日、本人たちが「どれもみんな楽しかった!」と帰ってこられることが一番のねらいです。

横浜初等部　2013年度　【数量】

・上の四角の中に描いてあるカブトムシ、クワガタムシ、バッタ、カマキリの数を数え、その数だけ下のそれぞれの四角に○をかきましょう。

※問題は伸芽会教育研究所調査によるデータです

幼稚舎　1991年度　【数量】

・リンゴ、イチゴ、バナナ、メロンの数だけ、それぞれ下の絵の横に○をかきましょう。

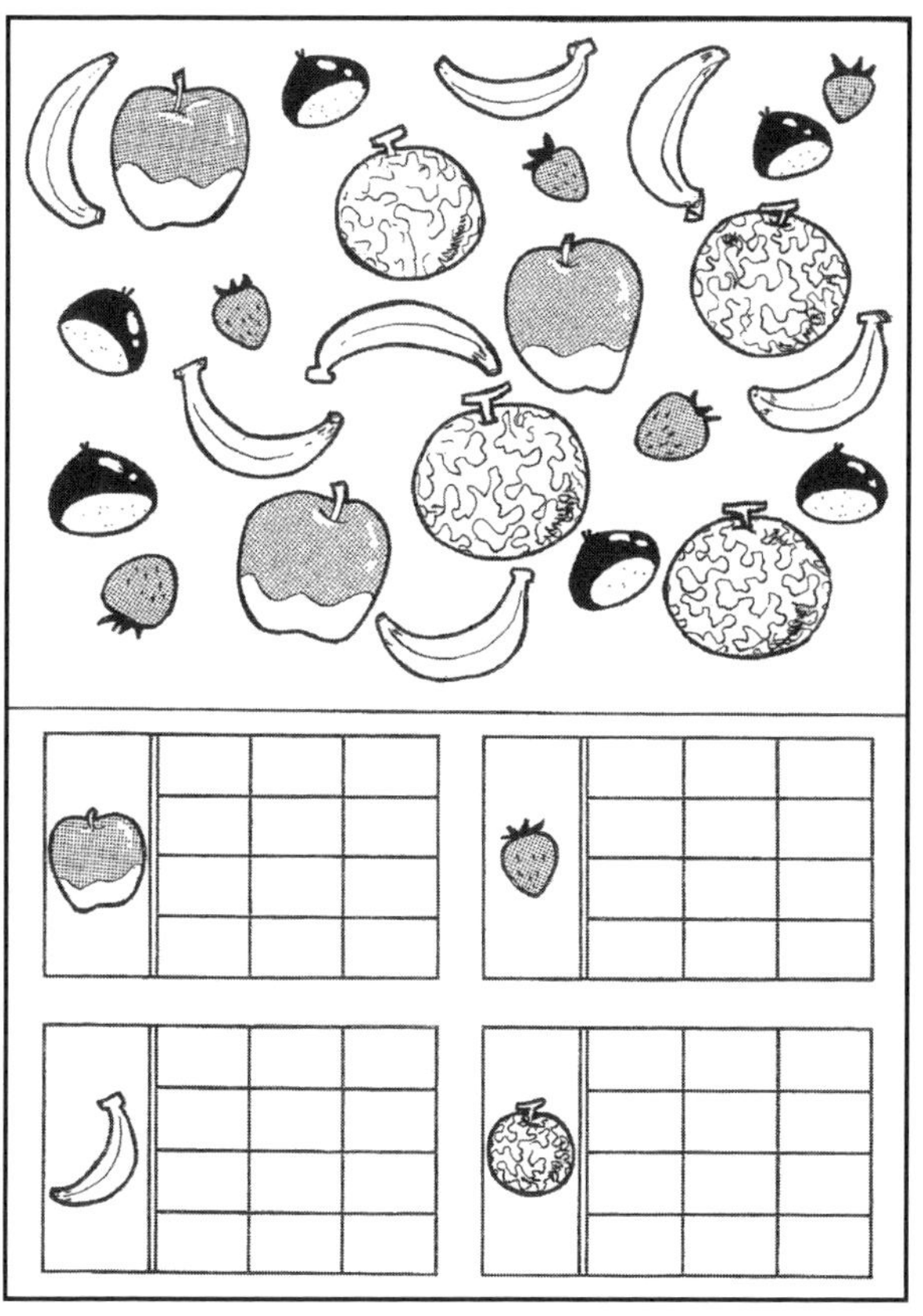

横浜初等部　2016年度　【常識】

音声を聴き、その音に合う絵を見つけて、指示された色のクレヨンで○をつける。

［女子］

・(雷の音を聴いた後) 今聴いた音は何ですか。青で○をつけましょう。
・(スズムシの鳴き声を聴いた後) 今聴いた音は何ですか。赤で○をつけましょう。
・(まな板の上で包丁を使っている音を聴いた後) 今聴いた音は何ですか。黒で○をつけましょう。
・(風鈴の音を聴いた後) 今聴いた音は何ですか。緑で○をつけましょう。
・(ブタの鳴き声を聴いた後) 今聴いた音は何ですか。茶色で○をつけましょう。
・(ニワトリの鳴き声を聴いた後) 今聴いた音は何ですか。ピンクで○をつけましょう。

［男子］※男子のイラストは省略

・(雨の音を聴いた後) 今聴いた音は何ですか。青で○をつけましょう。
・(スズムシの鳴き声を聴いた後) 今聴いた音は何ですか。赤で○をつけましょう。
・(まな板の上で包丁を使っている音を聴いた後) 今聴いた音は何ですか。黒で○をつけましょう。
・(お寺の鐘の音を聴いた後) 今聴いた音は何ですか。緑で○をつけましょう。
・(ヒツジの鳴き声を聴いた後) 今聴いた音は何ですか。茶色で○をつけましょう。
・(カラスの鳴き声を聴いた後) 今聴いた音は何ですか。ピンクで○をつけましょう。

幼稚舎　1991年度　【常識】

カセットテープでいろいろな音を聴かせる。

・(野球をしている様子の音) 音と合う絵に、赤の○をつけましょう。

・(お祭りの笛太鼓の音) 音と合う絵に、緑の○をつけましょう。

・(踏み切りを電車が走っている音) 音と合う絵に、黄色の○をつけましょう。

・(救急車の音) 音と合う絵に、青の○をつけましょう。

・(運動会の綱引きの音) 音と合う絵に、黒の○をつけましょう。

横浜初等部　2017年度　【数量（すごろく）】

・子どもがすごろく遊びをしています。今いるところから、黒のサイコロのときはその目の数だけ向いている方向に進み、白のサイコロのときはその目の数だけ後ろに戻るお約束です。それぞれの段で、子どもがサイコロを振って上のサイコロの目が左から順番に出たとき、最後に止まった場所に黒で○をつけましょう。

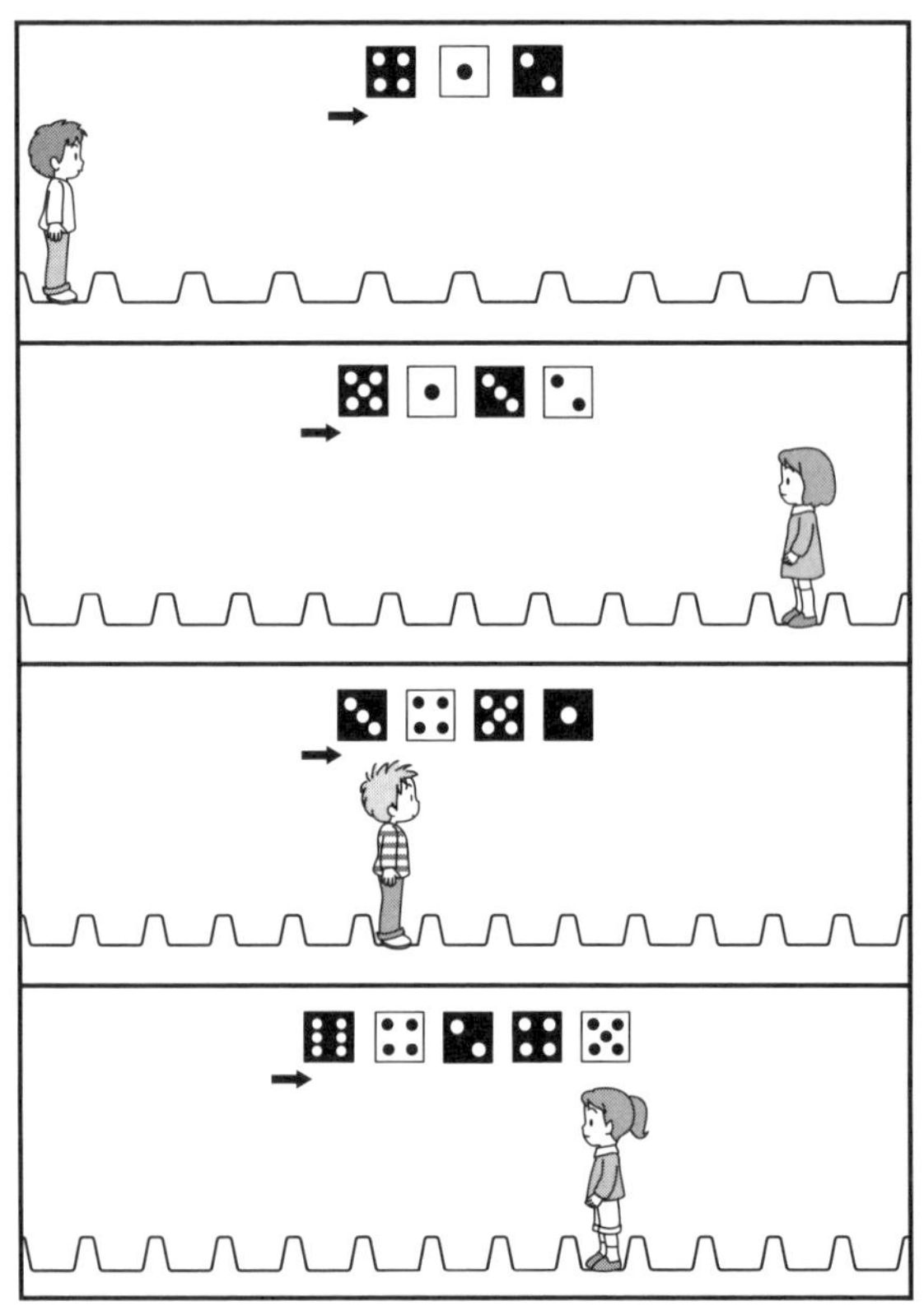

幼稚舎　1985年度　【注意力】

・すごろくをしましょう。黒の数が出たら、その数だけ進みます。赤の数が出たら、その数だけ戻ってください。左上のネズミのところがスタートです。では始めましょう（サイコロの目を順に見せる。黒6、赤4、黒5、赤3)。今いるところに、青の○をかきましょう。

おわりに

先日、かつての生徒さんが近況報告に来てくれました。高校生になり、私や学校での熱意ある先生との出会いから、教師を志すようになったそうです。

学校や幼稚園の先生は毎日子どもたちと接しますが、塾の教師は週1回程度です。その数少ない機会を最大限に生かすために、私たちは子どもたちと接する時間やかける言葉をとても大事に考えています。だから影響を受けたと言ってもらえると非常にうれしく、日々の励みになります。

ご家庭のサポートも私たちの重要な仕事です。

幼児の環境は時代によって変化しています。

私が伸芽会の教師になってからは、母親の誤った育て方が原因とされる「母原病」説が取り沙汰された時期がありました。不況や少子化などの影響で育児に力を入れる父親が増え、母親のように細かいことを気にする「父親の母親化」が起こった時期などもありました。そのようなときは、父母の役割の違いや子どもへの接し方などをアドバイスさせていただいています。

今はインターネットを通してさまざまな知識が簡単に得られ、疑似体験もできる時代です。便利ですが実体験を伴わないせいか、知識の割に物を見る目が育っていない子どもが増えています。これまで以上に、体験を通して考える力や生きる力を育む「教えない教育」の必要性を感じます。

伸芽会が子どもたちに身につけてもらいたいのは、「受かる技術」というより「人間力」です。教室には幼稚園に入園する前のお子さんも来ています。その子にしてみれば、私たちが保護者の次に影響を与える存在になるかもしれないのです。

生まれて間もない幼児にかかわる自分たちはどうあるべきか。

目の前の子どもたちのために何ができるか。

いつも謙虚に。子どもを軽視せず、ひとりの人間として尊重する。

学ぶ姿勢と清新な気持ちを持ち続ける。

この思いを胸に、これからも子どもたちと向き合っていきたいと思います。

黒田 善輝

黒田善輝（くろだ よしてる）

伸芽会教育研究所 入試指導室室長。優しく穏やかな語り口で子どもに寄り添い、深みのある授業で可能性を引き出す。高い創造性と表現力が求められる慶應幼稚舎・慶應横浜初等部をはじめ、難関・名門小学校への合格者を毎年多数輩出。

慶應合格指南書 補訂版

けいおうごうかくしなんしょ

著　者　黒田善輝

発　行　2018年1月26日　初版第1刷
　　　　2020年10月30日　補訂版第1刷

発行所　株式会社伸芽会
〒171-0014
東京都豊島区池袋2-2-1-7F
販売　TEL (03)6914-1359
編集　TEL (03)3981-9393
URL　http://www.shingakai.co.jp

Director　佐藤久美
本文イラスト　コバヤシ・カズエ　塩崎文恵
デザイン・DTP　淺野有子（株式会社トッパングラフィックコミュニケーションズ）
編集協力　山本香織
校正　株式会社ヴェリタ
印刷・製本　凸版印刷株式会社

Printed in Japan
ISBN 978-4-86203-763-3